小説で読む民事訴訟法

基礎からわかる民事訴訟法の手引き

木山泰嗣

弘文堂

弘文堂での刊行にあたって

本書は、二〇〇八年に刊行され、つい最近まで増刷され続けてきた、民事裁判の基本を学ぶために描かれた小説作品です。

二〇二三年七月に版元の法学書院が廃業されたことに伴い、新品を手に入れることが困難になってしまいました。資格試験の予備校の先生方などからご推薦いただく機会が多いようで、司法試験の勉強をしている大学のゼミ生から、「予備校で薦められたのですが、中古しかなくて新品が買えません」と、現状を聞くことがありました。

あらたに版元を変えて刊行するにあたり、刊行から十六年経過し、法改正（大きなものとしては、平成二十九年の民法改正がありました）や、社会情勢の変化（ロースクールや司法試験の合格者数、法律事務所を取り巻く環境など）、二〇二〇年から民事訴訟法のIT化（デジタル化）が導入され始めた現状（IT化のための令和四年〔二〇二二年〕民事訴訟法改正もあり、一部が施行済みになっていること）などから、当時の物語と現在との間に生じていた齟齬も、それなりにみられました。

ただ、小説として描かれた作品を、無理に、法改正や社会情勢の変化に対応させることは、読者の方に読み継がれてきた「原作品の物語自体」の変更を伴うことになってしまいます。著者としては、現時点では未だそれが適切であるとは思えませんでした（ただし、令和四年の民事訴訟法改正が完全に施行されたあとには、いずれ実現した完全なＩＴ手続を前提に、物語そのものを改訂すべきときもやって来るとは思っています）。

こうした観点から、令和時代の現在、本書で民事訴訟法を初めて学ぶ読者の方に向けて、必要と判断した箇所には、本文に「☆」をつけました。そして章末に、法改正や社会情勢の変化等からみた、現況のコメントを付記しました。

小説に変更をきたさない範囲で、もう少し分かりやすく記載した方がよいと判断した箇所については、ごく一部ですが若干の加筆修正も行いました。またより詳細な実務等のコメントを「☆」部分に加筆した箇所も、少しあります。ただし、これらは改訂版という位置づけにするほどには、大幅な修正ではありません。

リニューアル版の刊行にあたっては、司法修習生や弁護士としてＩＴ化の実務をみてきた方に、現在の感覚で本書を読んでもらいました。法律事務所時代の後輩の山田重則弁護士のほか、青山学院大学の木山ゼミ卒業生である市川壮哉弁護士、塚越幹夫弁護士、中川原弘恭弁護士、大竹澪海弁護士から、細かな点まで、非常にありがたい指摘を頂戴しました。厚く御礼申し上げます。

また、現在の勤務先の同僚であり、学生のころに所属していたゼミの指導教員（小林秀之先生）も共通する（わたしの先輩にあたる）、民事訴訟法学者の薮口康夫教授からも、大変有益なご指摘を賜りました。司法修習生時代に裁判所でご指導を賜った土屋文昭先生からも、ご教授いただきました。ご高配に深く感謝いたします。

次の方にも、本書のゲラを読んでいただきました。青山学院大学法学部の加藤万柚子さん、中野栞さん、水落ひなたさん、白井捺都さん、五十嵐美玖さん（以上、木山ゼミ生）、小野菜々子さんです。スペシャル・サンクスです。

いつも私を温かく見守ってくれる両親・家族、友人、本書の作成にあたり、心強いご意見を下さった方、いつも私にパワーとエネルギーを下さる鳥飼総合法律事務所の皆様にも、この場を借りてお礼を述べさせていただきます。ありがとうございます。

最後に、本書の刊行を引き受けてくださった弘文堂の鯉渕友南社長、いつもわたしの同社の刊行書籍の編集を担当してくださっている北川陽子さんに、心より感謝いたします。

令和六（二〇二四）年二月

木山　泰嗣

この本は、次のような方に向けて書きました。

①裁判のことを知りたい方
②民事訴訟法の勉強をしようとしている方、すでにされている方
③大学・法科大学院等で民事訴訟法を勉強しているものの、イメージがわかない方
④司法試験受験生
⑤法律家に興味がある方、なりたい方

まえがき

弁護士になろうと思って司法試験の勉強をしていたころ、正直、弁護士という職業がどんな仕事なのかよくわからなかった。

司法試験の科目には民事訴訟法という科目があったが、民事訴訟の法廷傍聴をしたこともなく、実際の裁判がどのように行われているのかもよくわからなかった。

弁護士になると、特殊なケースでない限り、民事事件が業務の中心になる。刑事事件だけでは収入面で成り立たないのが実情だからだ。

民事事件といっても、裁判になるものもあれば、交渉だけで終わるものもある。また、裁判所に行く事件でも、訴訟もあれば、調停もある。破産や民事再生などの倒産手続もあれば、仮差押えなどの民事保全、強制執行などの民事執行もある。

これらの事件を扱う上で、前提知識として身につけておくと応用がきくのが民事訴訟法である。

したがって、実務家になってみると、司法試験で勉強した科目で一番使うのは民事訴訟法になる。民法ももちろんとても重要だが、民事訴訟法は具体的な手続として、常に使っていく法律である。

だから、司法試験で勉強する六法のうち、どれが実務で一番重要かといえば民事訴訟法だと思う。

にもかかわらず、受験生は民事訴訟法が苦手な人が多い。それは受験時代の私と同じで、きっと民事訴訟がどのように行われているか見たこともなく、具体的なイメージを持たないまま勉強するからだろう。

自動車の運転席に座ったこともないのでは、自動車教習所で配られる教本をいくら読んでみても、運転の技術は身に付かない。そればかりか、実際に運転してみなければ、教本を熱心に読んだところで、そこに書かれている内容も頭に入ってこないもの。イメージがわかないからだ。

民事訴訟法が難解だと思われる、あるいはこの小説でも出てくるように「眠素《みんそ》」と呼ばれたりするのは、まさにこういった理由からだと思う。

それで、この小説を書きました。

この小説を読むにあたって、肩肘張る必要はありません。

むしろリラックスして適当に読んでもらうくらいがいいです。

受験勉強の気分転換に、喫茶店でコーヒーのしみをつけながら、目に止まった章だけパラパラ読むのもいいでしょう。

布団に寝ころびながら、ページをめくるだけでも十分です。

そんな気楽な本です。

実はそういう本の方が勉強になります。

世の中は難しいことがよいのではなくて、簡単でシンプルなことの方が深く本質をついていると思うのです。

この小説はそういったシンプルな考え方に基づいて作られています。

頭に入れていただくと、どんなことにも応用が利くフレーズも随所に散りばめました。

共感できる言葉、ビビビっと来るフレーズが一つでもあれば、もう民事訴訟法は苦にならないでしょう。

平成二十（二〇〇八）年二月

木山　泰嗣

もくじ

弘文堂での刊行にあたって　i
まえがき　V
もくじ　viii
序　xiii

第1章 民訴は眠素?……1

第1話 春眠暁を覚えず?……3
プロローグ／司法試験を目指して
権藤法律事務所へ／訴えの提起

第2話 管轄の謎を解け!……20
延々と続く民訴の話／『民事訴訟法』／東京で訴えられないか?
管轄の種類／専属管轄と任意管轄／合意管轄／気になる祐一
自宅で勉強／普通がダメなら特別で／合意管轄の解釈
要件を充たしているか／特定の法律関係
応訴管轄／蓋を開けてみると……

第2章 初めての法廷傍聴……41

第3話 法廷傍聴で民訴を学ぶ――前編……43
第一回期日／べんじゅん?／傍聴の日の朝／関係者専用?
初めての法廷傍聴で……／全然違う?／陳述／口頭弁論
主張の次は?／証拠説明書／原本取調べ写し提出／裁判官の人数

第4話 法廷傍聴で民訴を学ぶ――後編……60
当事者の欠席／擬制自白／シュシ?
判決はいつするのか?／損害額の認定／擬制陳述

単独制と合議制／民訴の重要な諸原則
必要的口頭弁論の原則／口頭弁論の諸原則
集中審理主義と併行審理主義／事件の呼び上げ／直接主義

第3章 長すぎた春……81

第5話 疑惑の裁判?!……83
事件の依頼／気持ちの問題／名刺交換
裁判官の正体／裁判の公正／除斥・忌避・回避
除斥事由／電話会議／判決と和解
貸金返還請求訴訟の内実／請求をしていない請求

第6話 訴訟の結末……100
法律の話／手続的な問題／実体的な問題と手続的な問題
訴訟法上の大原則／処分権主義／処分権主義の三つの場面
発掘されたもの／和解期日／和解のメリット
訴えなければ裁判なし／二人の絆／結末

第4章 借りてないけど、返した?……117

第7話 弁論主義──前編……119
借りてないのに返した男／動揺／混乱
本人訴訟の弊害／弁論主義／焦燥
弁論主義の三つのテーゼ／意欲／訴訟資料と証拠資料

第8話 弁論主義──中編①……136
聴取／取り乱す仁美／形式的真実主義／民訴と刑訴の違い
実体的真実主義／主張責任／主張共通の原則

第9話 弁論主義――中編②……149
具体例と反対概念／答弁書／供述の信用性／目撃情報
事案の真相／弁論主義の第二テーゼ／回復

第10話 弁論主義――後編……161
違法収集証拠／開廷／釈明権の行使／珍事／準備書面
裁判上の自白／要件と効果／裁判上の自白の効果
自白の不撤回効の例外／幸福

第11話 大ピンチ！ 祐一訴えられる――前編……181
祐一訴えられる／事情／証明責任／特別法
否認と抗弁／抗弁は被告が証明する／証明と疎明

第12話 大ピンチ！ 祐一訴えられる――後編……196
自由心証主義／法定証拠主義／自由心証主義の内容
証拠共通の原則／上告理由／ノンリケット（真偽不明）
コメガの真相／ウォッチェの真相／解決策／解除の抗弁／不思議な縁

第13話 馬鹿げた訴訟？――前編……217
カップルのケンカ／法律家である以上／仁美に助けを求める
弁護士会の法律相談／権藤法律事務所では……
懐かしい女性の声

第5章 ピンチはチャンス？……179

第6章 なんでもかんでも訴訟にできる？……215

第14話 馬鹿げた訴訟?――後編……231
他人の巨額詐欺事件／弁護士の仕事／訴えの利益とは
玲子さん事件とAさん再訴事件／再訴でも訴えの利益がある場合
確認の利益／仁美の成果

第7章 二つの事件……245

第15話 出口と入口――前編……247
ワシも被害者?／訴え却下判決／訴えの利益がある島広志
訴え提起とは／訴え提起には訴状という書面が必要か?
印紙代の算定／形成の訴え
民事訴訟の入口と出口／民事訴訟という筒

第16話 出口と入口――中編……262
人生と民事訴訟法／新しい依頼／離婚の危機
正夢?／離婚訴訟は形成訴訟／有責配偶者からの離婚請求
判例の意味／前置主義／民事訴訟は私的紛争の解決手段

第17話 出口と入口――後編……275
二つの訴訟の入口／二つの訴訟の出口は?
判決の種類／確定判決の既判力
民事訴訟法の勉強は入口から出口の繰り返し
勝訴判決／判決の言渡し／それぞれの出口
中間判決とは／大学の卒業式／記念日

あとがき 291
事項索引 299

序

物語の始めに、読者に持っていただきたい武器がある。
武器といっても、ごく簡単な知識である。

それは、民事訴訟法の登場人物の基本が、次の三者であるということ。

裁判官
原告
被告

裁判官とは事件を審理して裁く者。
原告とは訴えを提起する者。
被告とは訴えを提起される者。

原告と被告をあわせて当事者という。

民事訴訟法というルールブックが使われるためには、この三者の存在が大前提になっている。

◉主要登場人物

佐伯祐一……上慶大学法学部３年
内川仁美……権藤法律事務所所属弁護士
三浦優美……上慶大学教育学部３年
村田幸一……上慶大学法学部３年
吉村光男……上慶大学法学部３年

第1章

民訴《みんそ》は眠素《みんそ》?

あらすじ

この章では、大学三年生になったばかりの主人公(佐伯祐一)が友人(村田幸一)の「お前も弁護士目指すんだろ。一緒に勉強しようぜ」という一言をきっかけに、弁護士になることを決意します。

大学の教室で腕時計をなくしてしまったことが幸運の女神となり、権藤法律事務所でアルバイトを始めた祐一は、内川仁美という若い女性弁護士と知り合います。

民訴《みんそ》は眠素《みんそ》というレッテルが「音を立てて崩れる」くらい、主人公にとって実務の世界は衝撃的だったのです。

◉主題◉

第1話の終わりから第2話にかけて登場する事件は、権藤法律事務所の顧問先である読買《よみかい》電機が濱《はま》縦《たて》工機に提起した売買代金支払請求事件です。「甲乙間に生ずる一切の紛争については、大阪地方裁判所をもって第1審管轄裁判所とする」という契約条項に拘束されてしまうのか、東京地方裁判所でも訴え提起をできるのか。

こうした問題を巡って、民事訴訟法では手薄になりがちな管轄の論点を扱います。

内容的にはやや難しいため、管轄とはどういうものかをイメージしていただければ十分です。

◉論点◉

・管　轄
・訴訟物

第１話　春眠暁を覚えず？

プロローグ

佐伯祐一は考えていた。

「これからどうしよう」

三谷駅からキャンパスまでの並木道。桜が春の風に揺れている。今日から大学三年生。あっという間に二年経った。

祐一が法学部を選んだのは法律に興味があったからだ。できたら弁護士になりたかった。けれど、弁護士になるためには超難関といわれる司法試験がある。偏差値の高い上慶大学の法学部法律学科に合格したものの、大学受験でパワーを使い果たした祐一は、しばらくは勉強漬けの生活から離れたかった。

それで、大学に入学した二年前の春、祐一は決めた。

「とりあえず二年間は自由気ままに過ごそう。将来どうするかは、三年生になったときに考えよう」

祐一は二年間、大学生活を満喫した。キャンパスライフを謳歌した。学部の授業は一応出席して法学の勉強も少しずつ進めた。それでも時間はたくさん余った。自由な時間を存分に使い、大満足の二年間だった。

そして決断のときが来た。

大学の正門に入りかけた瞬間、後ろから馴染みの声がした。

「佐伯！　久しぶり」

クラスメイトの村田幸一だ。村田は真面目な学生で、一年生のころから大学の図書館で司法試験の勉強をしていた。頭が切れるタイプで要領もいい。きっとこういう人間が司法試験に受かって弁護士になるのだろう。

祐一は口には出さないが、そう思っていた。

「おれ、ＰＥＣ（ペック）に行くことにした」

ＰＥＣというのは司法試験の予備校だ。遂に村田は本格的な受験勉強を始めるようだ。祐一は動揺した。そのとき、村田が言った一言が、祐一の将来を決めることになる。

「佐伯、お前も弁護士目指すんだろ。一緒に勉強始めようぜ」

権藤法律事務所には、三人の弁護士と三人の事務員がいた。事務員の一人はアルバイトで、上慶大学の学生だった。その学生が諸事情によりアルバイトを辞めた。
「遠藤さん上慶大学だったよね。また、上慶大学で募集をかけてみようか。いい人が見つかるかもしれない」
権藤兼一は、イソ弁の鈴木拓真に確認した。イソ弁とは居候弁護士のことだ。法律事務所を経営している弁護士（ボス弁）の事務所に勤務して生計を立てる弁護士の総称である。（☆1）
「ええ。それがいいと思います」

第１章
民訴は眠素？

「権藤先生、今度は男の子でもいいんじゃないですか。あの大学はかっこいい子が多いみたいだし」

内川仁美が目を輝かせた。

仁美は権藤法律事務所の二人目のイソ弁。三年目の若手弁護士だ。単に弁護士として若いというだけでなく年齢も若い。仕事熱心だが、流行にも敏感でファッションや雰囲気は、ごく今どきの女性だ。

「まあ、内川さん。いい人なら、男性でも女性でもいいじゃないか。募集をしてどれくらい応募が来るかだね。来てもらえるだけでも喜ばなくちゃ」

権藤は笑った。

「先生は、遠藤さんのようなお嬢様がいいんでしょ。先生の好みだいたいわかりますよ」

仁美が茶化した。

「そりゃあ、女性の方が、華があっていいですよね、権藤先生」

「あらー、鈴木先生。奥様に言っちゃうわよ」

「それだけは勘弁！」

「あははは」

今日では、所属弁護士が数百人を超える法律事務所もある。法律事務所の巨大化が進んでいるが、権藤法律事務所のように数名の弁護士でやっているところが、実はまだ大半である。

人数が少ない分、お互いの顔が見える。

仁美は、司法修習生になってすぐに、大手渉外法律事務所から内定をもらった。けれど、結局、権藤法律事務所を選んだ。

その理由は、権藤の誠実な人柄と、事務所の明るい雰囲気にあった。

司法試験を目指して

祐一は考えていた。

「これからどうしよう」

祐一は、村田の一声で司法試験を目指すことをあっさり決意した。

すると今度は、勉強資金をどうやって捻出するかという問題に直面した。

法律の専門書は値段が高い。予備校に行くと更に金がかかる。ロースクール（法科大学院）でも相当の学費がかかる。

「それでは今日の授業はここまで」

大学三年生最初の講義は民事訴訟法だった。著書も多く有名な学者の講義だった。

「どうだった？　彼妻《かれつま》の講義」

祐一の隣で寝ていた吉村光男が口を開いた。

「うーん。なんか抽象的な用語ばかりで難しかったよ。管轄《かんかつ》の種類っていわれてもピンとこないし」

「管轄？　なにそれ」

吉村はテニスサークルまっしぐらである。

「裁判を起こすとき、どの裁判所にするのが適切かっていう話のようだったよ。えーと」

祐一はよくわからないまま書き取ったノートを読み上げた。

「職分《しょくぶん》管轄、審級管轄、事物《じぶつ》管轄、土地管轄、合意管轄、応訴管轄」（☆2）

「ふー。おまえ真面目だよな。それノートに取ってどんな意味があるんだ？　まあ、テスト前はよろしく！」

どんな意味があるのか。祐一も疑問だった。法律の勉強はどうしてこう難解なのだろうか。抽象的な用語のオンパレードなのだろうか。法律家はどういう頭の構造をしているのだろうか。

吉村のようにたっぷり遊んで、普通に企業に就職した方がいいのかもしれない。祐一は思った。

「じゃーお疲れ！　俺これから歌ポン」

吉村は最近、カラオケ店「歌えポンポン」でバイトを始めたようだ。

「いいバイトないかな。今は週二回のカテキョだけだしな」

吉村の背中を眺めながら、祐一は呟いた。

次の時間は空き時間だ。祐一は、図書館で民訴《みんそ》の復習をすることにした。

図書館に向かう祐一の背後から話し声が聞こえてきた。どうやら同じ民事訴訟法の授業を受けた学生らしい。

「あたし、ほとんど寝ちゃったー」

「オレも。眠いったらありゃしないね、あの教授の講義。次からパスだ」

「いやいや、必ずしも彼妻先生の講義の仕方が悪いわけじゃないと思うよ」

「でも、眠くなるわ。『春眠暁を覚えず』かしら」

「いやいや、民訴は昔から眠素《みんそ》、つまり眠りの素っていわれているんだよ」

「ははは―、そりゃ最高だ」

的を射ている気がした。

最初の講義だからかもしれないが、教科書を読んでいるだけで眠りに誘われる。裁判傍聴をしたことがない学生は、訴訟の具体的イメージが持てない。そこに抽象的概念の学習をしても理解できるはずがない。

「何かいい方法がないかなあ」

祐一は呟いた。

「権藤法律事務所でございます」

事務の石井恵利が電話を受ける。

「読買《よみかい》電機の阿部様ですね。内川に替わります。少々お待ち下さいませ」

読買電機は、権藤法律事務所が最近顧問契約を締結した中小企業だ。

契約書のチェックをすることもあるが、取引先とのトラブルに関する相談などもある。窓口は仁美が担当を任されていた。

「お電話替わりました。弁護士の内川でございます」

日常会話はおっとりしているが、仕事になると途端にきびきびとする。仁美は若いがクライアントからの信頼は実はかなりある。

「ええ。……はい。百六十万円くらいですね。……そうですか。……契約書はありますよね」

仁美は質問をしながら、メモをとる。

「では、来週の月曜日、午前十時にお待ちしております。失礼いたします」

読買電機の担当者が相談に来ることになった。仁美は権藤に報告した。

「債権回収案件ということだね。百六十万円くらいだったら内川さんにお任せだな」

「わかりました。でも先生、何かあったら助け船よろしくお願いですよ」

権藤法律事務所は全体で六人（欠員のため現在五人）の小さなオフィスである。そのため、来客があった場合など、同席していなくても、大きい声であれば応接間から話し声が聞こえる環境だ。それで仁美は、ピンチになったら、途中から相談に入って欲しいと権藤に頼んだのである。

「残念。その時間は法廷が入っている」

「えー、そしたら、鈴木先生は？」

仁美は愛嬌のつもりのようだが、権藤としてはこのくらいの案件は一人でやり切って欲しい。そう思っていた。

「私も差支《さしつか》え」

弁護士は都合がつかないことを差支えという。法廷などでは、次回期日を決めるとき、「差支えです」という言葉が飛び交う。

「もー。じゃあ、私一人でやるしかないのね」

仁美はそう言いながらも、嬉しそうな顔をした。

「すみません。静かにしてもらえませんか」

静寂に包まれた上慶大学の図書館で、騒音が鳴り出してから十分くらい経過したころだった。

ゴー、ゴー、す〜、ゴー。

ぴくっと身体を痙攣させ机から顔を上げた祐一の前には、眼鏡をかけた女子学生の憤慨した顔があった。

「うるさくて集中できないじゃない！」

「すいませんでした」

やってしまった。祐一は民訴の勉強をして間もなく、眠素の誘いに負けてしまったのだ。

いま何時だろう。……あれれ？？

祐一お気に入りのクロノグラフがない。携帯で時間を確認すると、次の授業までまだ三十分以上ある。

腕時計を探すため、祐一はすぐに、民事訴訟法の講義を受けた教室に戻った。授業のない時間だったようで教室はがらんとしていた。座っていた席のあたりを探してみたが、腕時計は見つからなかった。

「仕方ない」

祐一は遺失物が届けられる学生部に向かった。

「こんな形のですね、シルバーで。ここにカレンダーがついていて……」

学生部の職員は、聞き慣れたいつもの学生のわかりにくい説明を笑顔で聞いた。

「いま、届けられているのだとこれで全部ですね」

五個の腕時計がトレーの上に並んでいる。好みの時計はあった。しかし、そこに祐一の時計はなかった。

「ありますか？」

「ないです」

「落として間もないようだから、これから届けられる可能性もあると思います。それらしきものが届けられたらご連絡しましょうか」

「お願いします」

ついてない。

踵を返したそのとき、出入口の隣のサイドボードに貼り出された一枚の広告が、祐一の目に止まった。

「学生のアルバイトを募集しています……権藤法律事務所」

これだ！

祐一は胸を躍らせた。

「あのー。これ、まだ募集していますよね」

「ええ。さっき貼り出したばかりです」

「よっしゃ！」

それまでの落ち込んだ表情とは打って変わり、祐一の目は輝いていた。

「なくした時計のことは忘れちゃったのかしら。若いっていいわね」

職員の目はそんな言葉を発していた。

権藤法律事務所へ

ぶぶぶ　ぶぶぶ　ぶぶぶ
午前七時五分。いつもなら熟睡している時間に携帯のバイブが鳴り響く。

……ううう。誰だろう？

「ふぁい。さうぇきです」

朝の声が三浦優美の耳元に広がった。優美は祐一と同じ上慶大学の三年生。教育学部で学校の先生を目指している。

大学の入学式で偶然隣の席に座った二人は、知り合いのいない者同士意気投合し、そのまま交際を始めた。つき合い始めてもう二年になる。

「ちょっとー、まだ寝てるの～！」

優美は朝から元気だ。

「でも、まだ朝の七時だよ」

祐一は、眠そうな声で答えた。

「まったくもう。今日から法律事務所でバイトじゃなかったの！」

そうだった。すっかり忘れていた。

祐一は、あの後すぐに権藤法律事務所に電話を掛け、その日のうちに事務所を訪ねた。あまりの早さに権藤も驚いたが、逆にやる気を感じたのか、祐一は即採用された。

「じゃあ、来週の月曜日から来ていただけますか」

「はい。よろしくお願いします！」

緊張した祐一の声が、権藤法律事務所の応接間にこだました。先週の金曜日だった。

一人暮らしで朝寝坊の祐一は、採用が決まったその日の夜、優美にモーニングコールを頼んだのだった。

「やばい。もう、こんな時間じゃん。なんで、もっと早く起こしてくれなかったのさ」

祐一の焦った顔を思い浮かべて優美はクスリと笑った。

「次から自分一人で起きてよね。そんなこと言うなら」

「あっ、いや悪かった。ありがとう……って言ってる場合じゃない！　九時スタートだから、早く行かないと！　じゃあ」

ぷーぷーぷー
「まったくもう」

優美は言葉にならない言葉を唇で描きながら、そのまま布団に潜り込んだ。

第１章
民訴は眠素？

権藤法律事務所の最寄り駅に着いたのは午前九時だった。

まずいぞ。ダッシュだ。

ビルに着いた祐一は携帯の時計を見た。九時五分。祐一は春だというのに汗だくで事務所に辿り着いた。

「おはようございます。すいません！　遅くなってしまいました！」

ん？　ドアが開かない。鍵がかかっている。

ピンぽーん
チャイムを押したが応答がない。

「あれれ、倒産しちゃったのかな。この事務所」

と、そのとき祐一の頭を後ろから誰かがポンと叩いた。同時に甘い香りが舞った。

「あなたが佐伯君ね。倒産してないから。あっ、私は内川仁美。よろしくね」

「あっ、はい……」

祐一が自己紹介しようとする間もなく、仁美が続けた。

「思ったよりかっこいいわね」

「思ったよりって……」

祐一はムッとした。失礼な事務員だと喉元まで出掛かったが、祐一は理性で抑えた。

「あら、怒ったかしら。誉めてるのに」

祐一を押しのけ鍵を開けると、仁美は祐一を席に案内した。

「じゃあ、とりあえず電話番よろしく。もうすぐ石井さんも来ると思うわ」

「今日は事務が三人なんですか」

権藤法律事務所の事務員は祐一を入れて三人いる。そのうち毎日出勤するのは石井恵利。あとは祐一ともう一人の事務員が交代で勤務と聞いていた。

仁美を事務員と誤解した祐一は「おかしいなあ」と呟いた。

「おはよう。仁美ちゃん。今日は早いのね」

噂をすれば石井がやってきた。石井は三十代後半。権藤法律事務所創設以来のベテラン事務員だ。仁美とも仲がいい。

「あー、佐伯君も早いわねー。今日からよろしくね」

「あ、はい。よろしくです」

ルーズな出勤に少々驚いたが、初日から遅刻という最悪の事態が取り消され、祐一は胸を撫で下ろした。法律事務所の朝は遅いってホントなんだ。朝が苦手な祐一は、益々弁護士になりたくなった。

「佐伯君。そうだ、あなた上慶大学の法学部よね」

権藤法律事務所の机の椅子に初めて座って一分も経たないうちに、祐一は仁美に話しかけられた。仁美は手に資料を持っている。

「今日の十時から来客があるんだけど、勉強にはもってこいよ。検討してみない？」

……あれれ。事務員だと思っていたけど、この人何している人なんだ。パラリーガル？

パラリーガルは、弁護士資格は持っていないが、法律知識があり、弁護士の業務をサポートする役職だ。近年、規模の大きい法律事務所で活躍が散見される。

祐一は戸惑った。ふと見ると、仁美がスーツの胸元を弄り始めた。

「何をしてるんですか？」

「あっ、これね。いつも付けているわけじゃないのよ。来客のときとか法廷のときだけ付けるの。……よし、オッケー」

そこには、まだ金色で初々しい向日葵《ひまわり》のバッジが輝いていた。

「えー、弁護士なんですか？」

祐一は感嘆の声を上げた。

「あははは。まだ弁護士には見えないよな」

権藤が笑いながらやってきた。

「まー、二人とも失礼しちゃうわ！」

「すいません。ＯＬっぽい感じだったから、てっきり事務の方かと」

祐一は反射的に漏れた言葉に反省をした。

「まあ、いいわ。美人ＯＬってことよね」

そんな都合のいい解釈ないだろー。祐一は今度は心の中だけで呟いた。

「そうそう、こんな美人の弁護士がいるとは思わなかったってことだよね」

最後に出張から戻ってきたという鈴木が、爽やかなフォローを入れた。

「そうです、はい」

あははは。

……弁護士って色々な人がいるんだな。でも、みんな活き活きしている。これなら、楽しみながらバイトも勉強もできそうだ。

祐一も一緒になって笑った。権藤法律事務所の一員になった瞬間だった。

訴えの提起

「事案はこうよ」

仁美が祐一に説明を始めた。

「読買電機は部品メーカー。作った部品を濱縦《はまたて》工機という会社に継続的に供給する契約をしていたの。毎月末締めで翌月十五日に代金の支払日が到来するんだけど、四か月分支払いがストップしているらしいのよ」

「その会社傾いているんですか」

「それが経営は健全なの」と、仁美は答えた。そして、続けた。

「これまでも滞納になることはよくあったみたい。四、五か月程度の滞納は目をつぶってきた。それは先代の社長同士の昔からの付き合いがあったから。ところが、濱縦工機の社長が亡くなり、新しく社長に就任した息子は、代金をなかなか払わないくせに、製品に対しても細かい難癖を付けるようになった。それで、読買電機は、もう温情的な関係はやめにしたい。契約を解消したいそうなの」

「債務不履行解除をするんですか」

「おー。佐伯君、民法勉強しているわね。で、そう言ったら、先方は、契約は解除してもいいけど、使えない部品ばかりだったから、代金は支払わないって。それで、読買電機は、未払代金を回収するために提訴したい。こういう相談なのよ」

読買電機 ──→ 濱縦工機
売買代金の回収

民事訴訟法の講義を一度受けただけの祐一は、提訴といわれても、それが「訴えの提起」だということくらいしかわからなかった。

「提訴するとき何が問題になるかわかる？」

仁美は講師のように質問した。

「勝てそうかどうか……ですか」

いきなりの質問に精一杯の回答だった。

「そうね。本件は取引基本契約書がきちんとあるから、代金請求権があることは立証できるわ。部品が使えないものだったという反論も言い掛かりみたい。実体法上は請求できそうよ。ただ、いざ提訴となったとき、訴訟法上の問題が一つあるのよ」

そう言うと、仁美は説明を始めた。祐一が仁美から聞いた内容は、次のようなものだった。

読買電機は東京都千代田区に本店がある。支店は横浜市とさいたま市の二か所のみ。読買電機としては、当然、本店近くの東京の裁判所に提訴したい。

ところが、取引基本契約書には、以下のような規定があった。

第三一条（管轄裁判所）
甲乙間に生ずる一切の紛争については、大阪地方裁判所をもって第一審管轄裁判所とする。

読買電機は濱縦工機の東京支店と取引をしていた。しかし、濱縦工機の本店は大阪市に置かれていた。

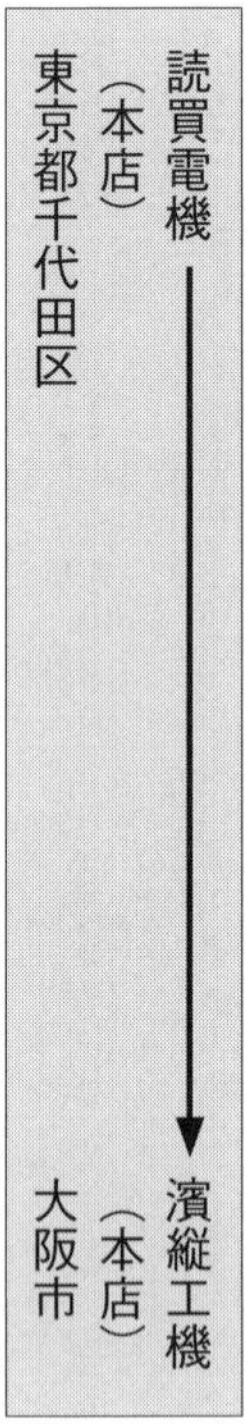

その濱縦工機が取引基本契約書の案を作成した。管轄裁判所は大阪地方裁判所という定めがあったが、訴訟になることなど当時は想定外だった。それで読買電機は、何の疑問も持たず、そのまま契約書に調印した。

「もし、大阪で提訴しなければいけないとすると、どうかしら」

仁美は、また祐一に質問した。

「交通費とか大変そうですけど……」

「でしょー。うちが代理人として受けるとしたら、私が大阪の裁判所まで、口頭弁論の期日が来るたびに出張になるわよね。その都度の交通費は当然クライアント負担よ。全額勝っても百六十万円くらいの訴訟で、割に合わないわよね」

そういう発想なのか。

現実的な話を聞き、祐一は興奮を覚えた。

大学で受けた講義とは全く発想が違う。

「契約書に大阪の裁判所が第一審の管轄と書いてあるけど、東京の裁判所で訴訟をしたい。これって可能なのかしら」

祐一の脳裏には、大学の講義で習ったばかりの「管轄」の分類が浮かんだ。職分《しょくぶん》管轄、審級管轄、事物《じぶつ》管轄、土地管轄、合意管轄、応訴管轄……。

民訴は「眠素」というレッテルが、祐一の中で音を立てて崩れ始めた瞬間だった。

第2話　管轄の謎を解け！

延々と続く民訴の話

「初日を終えた感想はいかが？」

夕方過ぎの学食は、腹を空かした学生で賑わっている。

「それがさあ……」

祐一が口を開くと、優美の顔が少し曇った。

「最初は大変でも、そのうち慣れるわよ」

大変だったのだろうと察知した優美は、話が終わる前に祐一を励ました。

「いやいや、もう慣れちゃった」

「え？」

「だから、もう慣れちゃったんだ」

「いいところだったの？　権藤法律事務所」

「とってもいい人ばかりだった」

「電話番はとちったけど」

「それは最初だもん。仕方ないわ」

いい人ばかりと聞いて安堵した優美の関心は、祐一から法律事務所に移行した。

「どんな人がいたの？」

「ボスは権藤先生。どっしり構えているけど優しい先生。兄弁《あにべん》の鈴木先生は出張とかで忙しそうだった。でも爽やかな人。かなりできる先生らしい。事務の石井さんはチェックが厳しいけど、親切にいろいろ指導してくれた。それから……」

「それから？」

「仁美先生は、ぱっとみ全然弁護士っぽくないんだけど、クライアントの前ではびしっとしていた。若い三年目の女性の先生なんだけど、俺が弁護士目指しているって知ってか、すごーく丁寧に教えてくれたんだ」

「ふーん、その弁護士かわいいの？」

「いや別に。そんなことよりさ、ちょうどこの前大学で講義を受けた民訴の管轄のところが問題になってね。学者の講義や本だと眠くなるだけで、よくわからなかったところが、仁美先生と話していたら意味がわかってきたんだ。わかっただけでなく面白くなってきた。謎が解けたんだよ。目から鱗だね。それから……」

祐一の民訴の話は延々と続いた。

『民事訴訟法』

帰りの電車に乗ると、祐一はすぐに民事訴訟法の教科書を読み始めた。

授業の後に読んだときは強烈な眠りを誘ってきた彼妻《かれつま》教授の著書『民事訴訟法』。もう一度読んでみると、今度は不思議と引き込まれていった。

「具体的な事案が頭にあると、こんなに面白いものなんだ」

祐一は愉快な気分になってきた。

山手線に揺られながら、祐一は一心不乱に『民事訴訟法』を読みふけった。

眠くて仕方がなかった彼妻教授の著書に潤いを与えた出来事は、一体どのようなものだったのか。

東京で訴えられないか？

「契約書に大阪の裁判所が第一審の管轄裁判所と書いてある以上は、東京の裁判所では提訴できないのかしら」

仁美に問いかけられ、祐一はもっと勉強しておけばよかったと思った。同時に、大学の授業で習った管轄の概念を一つひとつ思い浮かべてみた。

「どう？　まだ勉強してないところだった？」

「ちょうど最近習ったばかりのところです」

「じゃあ、完璧ね」

「いやそんなこと全然……」

「ゆっくり考えてみたら」

「はい。えーと、職分管轄は……」

「佐伯君、職分管轄はここでは問題にならないわ。職分管轄というのは、裁判権という司法作用の職務を、どの裁判所に分担させるかというものよ。例えば、どの裁判所が第一審裁判所になるか、第二審裁判所になるかといった審級の問題などがこれに当たるわ」

ある事件をどの裁判所で扱うべきかという事務分担を管轄という。

この管轄は、大きく分けると二つあると考えれば、わかりやすい。一つが法律で定まっている法定管轄。もう一つが当事者で意見が合えば自由に決めることができる合意管轄。

管轄
├ 法定管轄（法律で定まっている）
└ 合意管轄（当事者の合意で決める）

祐一が指摘した職分管轄は、この二つのうち前者、つまり法定管轄に分類される。

「でも、裁判所には地方裁判所とか簡易裁判所があるんですよね。今回請求する金額は百六十万円くらいですが、内川先生は訴訟じゃ割に合わないといっていました。百六十万円なんて私にとっては高額なんですけど、裁判としては少ないようだから、少額な事件として簡易裁判所の管轄かと思ったんです」

「佐伯君なかなか勉強しているわね。ちなみに……」

「ちなみに？」

祐一は頭をフル回転させる準備をした。

「内川先生じゃなくて、仁美先生でいいわ」

拍子抜けした祐一に、仁美が続けた。

「だって、そんなに年変わらないでしょ。ちょっと呼ばれてみたかったの」

「はあ」

祐一はずっこけた。同時に緊張が取れた。

管轄の種類

仁美の顔は真剣な表情に戻った。

「話を元に戻しましょう。確かに訴額によって、地裁になるか簡裁になるか違ってくるわ。あっ、訴額っていうのは訴訟で相手方に請求する目的の額だと思ってもらえればいいわ。実務で重要な概念だから覚えておいてね」

訴額＝訴訟で相手方に請求する目的の額

「わかりました。ところで、先生さっき言いませんでしたっけ？　どの裁判所が第一審裁判所になるかが職分管轄だって」

「あー、確かに。わかりにくかったわよね」と、仁美は答えた。そして、続けた。

「職分管轄というのは、上訴審との関係も含めて、そもそもこの審級はどの裁判所に任せるのかっていう決まりのことなの。第一審は地裁《ちさい》か簡裁《かんさい》。控訴審《こうそしん》は地裁か高裁《こうさい》、上告審《じょうこくしん》は高裁か最高裁《さいこうさい》。こういう分担のことなの。あっ、ちなみに、地裁というのは地方裁判所で、簡裁というのは簡易裁判所のことよ。それから、高裁というのは高等裁判所のことで、最高裁というのは最高裁判所のこと。地方裁判所とか高等裁判所っていうと長いから、実務では略していうことが多いの」

職分管轄（審級管轄）
（第一審）　　　　（控訴審）　　　　（上告審）
地方裁判所（地裁）→高等裁判所（高裁）→最高裁判所（最高裁）
簡易裁判所（簡裁）→地方裁判所（地裁）→高等裁判所（高裁）
　　　　　　　　　　　　　　　　　　→最高裁判所（最高裁）

「職分管轄は正確には審級の問題だけではないけど、最初はこう覚えておけば十分よ」

「最初に訴える第一審の裁判所を地裁にするか簡裁にするかの区別は、何管轄でしたっけ？」

祐一は学習意欲を掻き立てられ、質問が自然と出た。

「あらー、佐伯君。何でも私に聞こうとするのね。大学で習ったんでしょ」

「習いました。けど……忘れちゃいました」

祐一は照れ笑いをした。

「覚えにくい言葉だから仕方ないわ。繰り返し復習して覚えていくしかないところね。事物《じぶつ》管轄っていうの」

「ああ、それやりました」

「職分管轄が第一審から上告審まで三つの分担を決める。その上で、第一審を職分としている地裁と簡裁のどちらに、事件を割り当てるかが事物管轄。事件と目的物で割り振るから事物と覚えておけば楽よ」

「なるほど」

「ちなみに、この事件を地裁と簡裁に分ける基準は、現在の民事訴訟法では、原則として訴額百四十万円なの。そうすると本件は？」

事物管轄
訴額が百四十万円以下　→簡易裁判所（簡裁）
訴額が百四十万円を超える→地方裁判所（地裁）

「訴額が百六十万円くらいですから、地裁になります」

「そのとおり」

「一つ解決！　東京、大阪いずれにしろ簡裁ではなく地裁に訴える必要があるんですね」

祐一は目を輝かせた。

「ところで先生。事件と目的物で割り振るから事物管轄なんですよね。百四十万円という基準は訴額をもとにしているから、目的物の話です。事件で分けることもあるんですか」

「よく気づいたわね。原則は訴額百四十万円という目的物基準だけど、行政事件の場合は、訴額にかかわらず地裁になるの。この場合事件で分けているでしょ。不動産事件の場合は訴額が百四十万円以下の場合は地裁も簡裁も両方行けるわ。管轄が競合する場合もあるの」

「そうだ。ついでにこれも覚えちゃったら。会社の組織に関する事件も地裁が事物管轄になるんだけど、これは専属管轄でもあるのよ」

「専属管轄？・？・」

「そう。つまり、当事者で合意をしても管轄を簡裁にすることができないの。専らその裁判所に属することが決まっている管轄ね」

専属管轄と任意管轄

祐一は自宅に帰り、一人机で勉強をした。電車の中ではざっと読んだので、自分の部屋ではマーカーで線を引きながら、一つひとつチェックをしていった。

管轄は、発生する原因で大きく分けると法定管轄か合意管轄があるけれど、拘束力の点でみると専属管轄と任意管轄に分けられる。

専属管轄……拘束力あり
任意管轄……拘束力なし

なぜ当事者の合意で決めることができない管轄があるのか。裁判を利用するのは当事者だから自由に決めていいのではないか。そんな疑問も出てくるが、それは公益性という言葉で説明されている。

公益性というと抽象的でわかりにくいけど、結局、裁判所という公的機関を利用する以上は、公の利益（国民全体の利益）を考慮して一律に決めるべき管轄もあるということ。

例えば、会社の組織に関する事件は、複雑なものが多いため、簡易な事件を扱う簡裁ではなく地裁に専属させる。これが公益に資するのだ。

これに対し、任意管轄は、まさに訴訟を利用する当事者の便宜を図ったもの。公益とは逆で私益を図っている。

だから、例えば、当事者間で合意して管轄を定めたり（合意管轄）、本来間違った管轄に原告が訴えを提起したときでも被告が応じてしまえば、その裁判所に管轄が生じる（応訴管轄）わけだ。

祐一は、彼妻の『民事訴訟法』を眺めながら、頭の中で議論した。

合意管轄

「佐伯君、事物管轄は簡裁ではなく地裁ということね。じゃあ、本題に戻るけど、読買電機《よみかい》は東京地裁で提訴できる?」

「濱縦工機《はまたて》と結んでいた取引基本契約書に、読買電機と濱縦工機との紛争は大阪地方裁判所をもって第一審の管轄裁判所とするって書いてありますから。合意管轄が生じてアウトです」

「合意管轄の問題。そうね。ところで、この合意は管轄のどの部分を合意している?」

「どの部分って……ああ、わかりました。これが土地管轄ですね」

抽象的な概念の一つひとつが、祐一の頭の中で徐々に具体的な道具に変化し始めた。

ピンポーん。

「いらっしゃったわ。時間切れよ」

議論に熱中しているうちに、いつの間にか読買電機担当者の来訪予定時刻である午前十時になっていた。

気になる祐一

祐一は自分のデスクに戻った。

応接間が近いので、仁美と読買電機の担当者とのやり取りが、時折微かに聞こえてくる。

「内川先生、ご無沙汰しております」

「お久しぶりです。お元気そうですね」

明るく大きな二つの声が、壁伝いに響いた。

トゥルルル　トゥルルル。

「佐伯君、電話が鳴ったらすぐ出るのよ」

隣席にいたベテラン事務員の石井が促した。

「もしもし、佐伯です。……じゃなかった。えーと、えーと、権藤先生の事務所です……」

遅刻は免れた祐一だったが、初仕事は大失敗だった。

「佐伯君、ここは権藤法律事務所よ。それから、身内をいうとき「先生」はつけないの。「もしもし」もいらないから。事務の電話応対は事務所の顔なのよ。きちんとお願いね」

「はい、気をつけます」

これも社会勉強だと一瞬思った祐一だが、その関心は、すぐに先ほどの続きに戻った。

「あの条項をうまく解釈すればいいのかな」

三十分後、読買電機の担当者が応接間から出てきた。

「いやいや内川先生、そうでしたか。それなら安心だ。契約書のチェックは重要ですね。先生に顧問になってもらってよかった。これからも、どうぞよろしくお願いいたします」

「いえいえ、とんでもございません。では近いうちに東京地裁に提訴しますね」

「はい。どうもありがとうございました」

東京地裁に提訴？　やはりできるんだ。なぜだろう。祐一はそわそわし始めた。

トゥルルル。

また電話だ。次はうまく取るぞ。

「権藤法律事務所でご……じゃいましゅ」

噛んでしまった。

青ざめた祐一の隣で、見送りを終え事務所内に戻ってきた仁美がクスリと笑った。

自宅で勉強

夜も一時を過ぎた。祐一は自分の部屋で相変わらず民訴の勉強をしている。

「今日の合意管轄の件は、意外な落とし穴だったからなあ。でもトラブルを未然に防ぐために弁護士が活躍する場面もあるんだ。予防法務。うーん、かっこいい。弁護士目指してがんばるぞ。あと少し復習を進めよう」

管轄は大きく分けて二つある。一つは法定管轄。もう一つが合意管轄。

前者の法定管轄には、職分管轄、事物管轄の他に土地管轄もある。職分管轄と事物管轄はある程度決まり切ったものだけど、土地管轄はいろいろあって重要なところみたいだ。

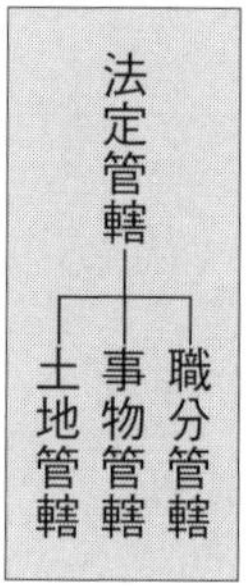

土地管轄は、各都道府県に所在する土地が異なる裁判所の間で、どうやって事件を分担するかの管轄だ。大阪なのか東京なのか。

この土地管轄には、普通裁判籍と特別裁判籍がある（☆3）。

「基本中の基本は普通裁判籍よ。他のものは忘れちゃっても、これだけは今日中に覚えておいた方がいいわ」

「そんなに大事なんですか」

「ここにいう普通というのは原則という意味なの。要するに土地管轄の大原則なのよ。普通裁判籍は」

仁美との会話が甦ってきた。夜遅くなっても眠素の誘いはまだ来ない。むしろ目が冴えてきた。

普通裁判籍は、被告の生活の本拠だ。生活の本拠は、自然人（法人格のない者。日常用語でいう個人）の場合は住所地、法人の場合は主たる事務所（営業所）の所在地となる。

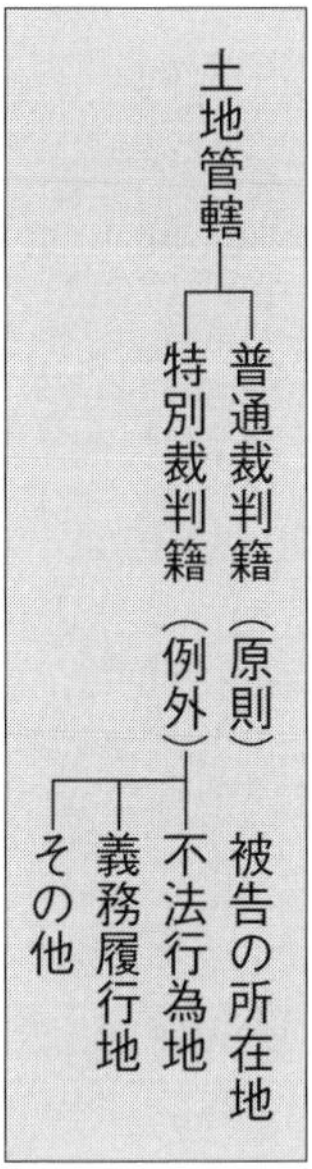

だから、大原則は相手方（被告）の所在地を管轄する裁判所に提訴することになる。これは、訴える方が相手方の場所まで出向くのが公平だという考えに基づく。

今日の事件では被告の本店所在地が大阪だったので、土地管轄の普通裁判籍は大阪地裁。

普通がダメなら特別で

「特別裁判籍はどうかしら？」

読買電機の担当者が帰った後、仁美が空き時間で解説の続きをしてくれた。

「特別裁判籍って何でしたっけ？」

「もうダメねー。これも重要よ」

「だって、一回授業受けただけですもん」

「ダメダメ。一回で頭に入れるくらいじゃなきゃ。時間は有限なんだから」

「普通裁判籍が原則なら、特別裁判籍は例外なの。特定の事件について、普通裁判籍とは別に認められる土地管轄よ」

彼妻より格段にわかりやすいや。

祐一は小声で言った。

「え？」

「いや、独り言です」

「ぼそぼそいっている暇があったら、条文をみてみたら」

仁美に促され、祐一は六法をめくった。

「あっ、わかりました。不法行為の場合は不法行為地が特別裁判籍として認められます」

「佐伯君。これ、不法行為だっけ」

仁美が白い目で祐一を覗き込んだ。

「代金の支払請求訴訟でした」

「そうでしょ。そうすると？」

「いやー、もうわかりません。合意がある以上、大阪じゃないですか。なんで先生が東京で提訴できるというのか、さっぱりわかりません。謎です。謎！」

煮詰まった祐一は、自分で考えることを放棄し始めた。

「財産上の訴えは義務履行地が特別裁判籍として認められると書いてない？」

「書いてありますよ、五条一号に。でも、義務履行地がどこなのか、よくわからなくて……」

「民法で勉強しなかったかしら？」

「あっ、持参債務の原則ですか」

民法では、持参債務の原則といって、債務者は債権者の住所地で履行をすることになっている（ちなみに商法でも同様だ）。そうすると本件でも、代金支払請求権という債権を持っている読買電機の住所地で提訴が可能になる。読買電機の本店所在地は東京だから、東京地裁が土地管轄の特別裁判籍として認められるのだ。

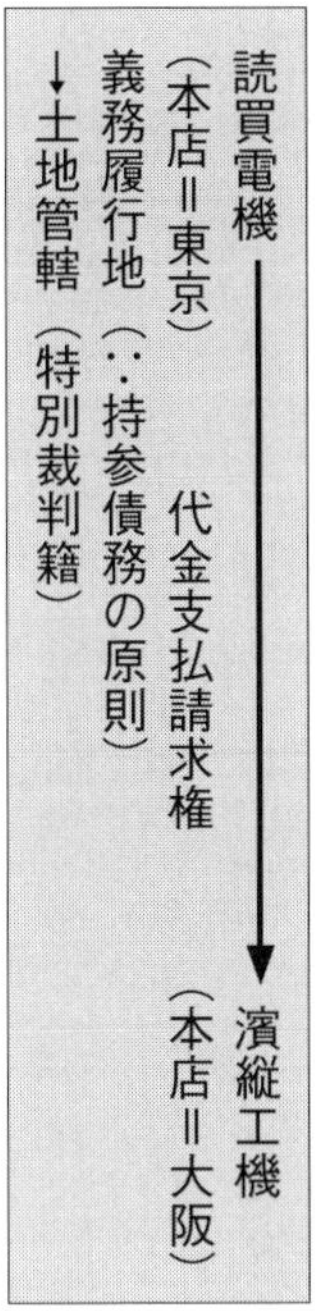

合意管轄の解釈

「でも、仁美先生。これはあくまで法定管轄の一つですよね」

「そうよ。その通り。法定管轄のうち土地管轄の特別裁判籍の一つとして、東京地裁が管轄になる」

「でも、大阪にするって契約しているじゃないですか。合意管轄があるからこちらが優先して、やはり大阪地裁ですよ。だって、そうじゃなければ、わざわざ両当事者で契約書に条項を入れた意味がなくなってしまいます」

議論が白熱してきた。

「そうね。そういう考えもあるわ。ちょっと整理してみましょう。いまね、合意管轄で問題となっていることは、実は二つあるの」

「二つですか?」

「一つが管轄の合意の解釈よ。この契約書の三一条がどういう法的効果を持つのかという当事者の合理的意思解釈ね。でも、本当はその前に大前提があるんだけど……。勉強になるから、合意の解釈を先に検討しましょう」

祐一は、仁美の言わんとすることが理解できなかったが、特に気に留めなかった。

「管轄の合意で、ある土地を管轄裁判所として決めた。今回は大阪地裁ね。でも、本来合意をしなければ、法定管轄として大阪地裁と東京地裁の両方に土地管轄があったのよね」

仁美は続けた。

合意管轄──大阪地裁（取引基本契約書）
法定管轄┬大阪地裁（普通裁判籍）
　　　　└東京地裁（特別裁判籍）

「管轄の合意があった場合、こうした法定管轄を排除して合意地のみに管轄が専ら帰属すると考えるのか。法定管轄にプラスしてもう一つの選択肢として付け加えるに過ぎないのか」

管轄の合意の解釈として、前者を専属的合意という。後者を付加的合意という。

合意管轄の解釈┬専属的合意（他の法定管轄を排除し、管轄を専ら合意管轄に帰属させる）
　　　　　　　└付加的合意（他の法定管轄に付加する）

「わざわざ二つある法定管轄のうち一つを合意したわけですから、専属的合意ですよ」

「だいぶ賢くなってきたわね。判例の大筋はそう考えているわ」

「じゃあ、やっぱり大阪じゃないですか」

「ぶぶぶー！」

仁美は即座に否定した。

要件を充たしているか

「で、結局どういうことだったの?」

上慶大学のキャンパスは五月晴れで明るくまぶしい。新緑映える芝生に寝そべっていた吉村が立ち上がった。じらす祐一に答えを迫っているようだ。

「俺なんとなくわかった」

司法試験の勉強を入学当初からしている村田は、鋭い答えを持っていそうだ。

「さすが村田だなあ。どう思う?」

祐一は、権藤法律事務所では、仁美から質問攻めにあっていたので、大学ではクラスメイトの二人に質問のシャワーを浴びせている。

「契約書の条項だよ。何て書いてあったのさ。合意管轄ってさ、民訴の一一条に要件が規定されているんだよ。それを満たさなければ無効だろ。きっとそういうカラクリだ」

合意管轄が成立するためには、一定の要件を満たす必要がある。合意管轄のもう一つの問題だ。まず、第一審に限られていること。次に、一定の法律関係に基づく訴えに関するものであること。最後に書面による合意であること。

「『甲乙間に生ずる一切の紛争については、大阪地方裁判所をもって第一審管轄裁判所とする』と書いてあった」

村田の勉強の進み具合に脱帽しながら、祐一は答えた。

数秒の沈黙を置き、村田が口を開いた。

「甲乙間に生ずる一切の紛争だ」

特定の法律関係

「取引基本契約書では、たいてい管轄の合意条項が入っているわ。でも、文言はこういうのが多いの。『本件に関して生じた紛争』とか、『本契約又は個別契約に関して生じた紛争』とか。これだったら、その契約に関係する争いという意味で、一定の法律関係に特定されているといえるでしょ。本件はどう？」

「甲乙間に関する一切の紛争です」

「だから？」

「甲乙という当事者の特定はあっても、法律関係については全く特定がない……です」

「でしょ。だから、要件を欠いて無効よ。この管轄の合意は」

謎が解けた。

帰りの電車でもう一度、彼妻の本を読んでみよう。祐一は高揚感を味わいながら、その日の仕事に戻った。

応訴管轄

応訴管轄？

午前二時近くになり祐一は、仁美の口からは出て来なかった用語に目が止まった。

応訴管轄とは、被告の応訴によって生ずる管轄のこと。仮に、あの管轄の合意が有効だったとしても、訴えられた濱縦工機が異議を出さず東京地裁での提訴に応じた場合、いわばその時点で、東京地裁を管轄とする合意をしたものと同じに考えて、これを認めるんだ。

「そしたら……」

蓋を開けてみると……

東京地裁への提訴から一か月半後、被告濱縦工機から答弁書が送られてきた。被告代理人の事務所欄をみると東京の事務所だった。

「先生、濱縦工機の顧問って……」

「東京の武西《たけにし》事務所よ」

「なんだ。そしたら……」

「そう。相手方の代理人も東京の弁護士だから、どのみち応訴管轄は成立したかもしれないわね。でも勉強になったでしょ」（☆4）

この事件を通じて管轄の理解を深めた祐一は、民訴の勉強にのめり込んでいった。

☆1　経営する弁護士をパートナー弁護士といい、雇われ弁護士をアソシエイト弁護士ということもある。現在では、アソシエイト弁護士という呼称の方が定着している。

☆2　管轄については、平成二十三年に民事訴訟法の改正があり、現行法では国際裁判管轄の規定も定められている。国際裁判管轄は、どの国の裁判所で民事裁判を行うべきかの問題である。民事訴訟の国際化の観点から、実務上は重要である。ただし、国際民事訴訟法の領域になるため、本書では扱っていない。

☆3　もともと土地管轄は、その事件を審理するのにふさわしい地域で裁判をするために考えられた裁

☆4

判所の事務分配であったはずである。民事訴訟のＩＴ化が進んだ今日では、当事者の裁判所への出頭の負担は大きく緩和されており、かつてほどの大きな意味を持たなくなってくる可能性もある。実務上、管轄については、訴状が裁判所に提出された段階（被告に送達をする前）に裁判所でチェックをすることになるため、大阪地裁を専属的管轄裁判所とする管轄合意がある状況で、東京地裁に提訴をした場合、訴状送達前に、裁判所から指摘が入る可能性がある。

そのため、本件で東京地裁に提訴する場合、訴状で「なお、甲一号証には『甲乙間に生ずる一切の紛争については、大阪地方裁判所をもって第一審管轄裁判所とする。』との合意がある（三一条）。しかし、当該合意の対象は『甲乙間に生ずる一切の紛争』であり、『一定の法律関係に基づく訴えに関するものではない。したがって、民事訴訟法一一条二項の管轄合意としては無効である。よって、貴庁は、同法五条一号の規定により、本件について管轄権を有する」と断りを入れるなどの対応が考えられる。

第2章 初めての法廷傍聴

あらすじ

仁美に誘われ法廷傍聴に行くことになった主人公の佐伯祐一。しかし、朝に弱い祐一は、彼女（三浦優美）の電話にたたき起こされ東京地方裁判所に駆けつけます。

手荷物検査の要《い》らない関係者の入口から入ろうとした祐一は警備員に止められ、長い列が作られていた一般の入口から入ることになったため、傍聴に遅刻してしまいます。

静かな法廷で「ここでしたか」と大声を出してしまった祐一は、裁判長に「静粛に」と睨まれるなどしながら、初めての法廷傍聴に臨みます。

◉主題◉

第3話では、読買電機の第1回期日のシーンが登場します。訴状と答弁書の陳述、「証拠説明書」に基づく証拠（甲号証）の提出などの場面があり、民事訴訟の第1回期日をイメージすることができます。

第4話では、傍聴した被告欠席の事件などを通じて、当事者が欠席した場合の法廷での具体的な取扱いを見ることができます。

第4話の後半では、口頭弁論の諸原則を学びます。第2章は、第1章と異なり、法廷傍聴という具体的な実務の場面がふんだんに登場します。民事訴訟法の勉強をこれから始めるという初学者の方も、もう何度も勉強しているという上級者の方も何度も何度も読んでいただきたい章となっています。

◉論点◉

・弁護士代理の原則　・争点整理手続
・期日の種類　・証拠　・当事者の欠席
・必要的口頭弁論の原則　・口頭弁論の諸原則

第３話　法廷傍聴で民訴を学ぶ――前編

第一回期日

「権藤法律事務所でございます。はい、権藤でございますね。少々お待ち下さいませ」

祐一は内線で権藤にコールした。

「はい、権藤です」

「権藤先生。神阪《かみさか》法律事務所の岡田弁護士から、一番にお電話です」

「ありがとう、佐伯君」

権藤法律事務所で電話を取るのは、祐一の仕事だ。祐一の電話応対も様になってきた。

この年の春に祐一は司法試験の受験を決意した。その軍資金を得るため、権藤法律事務所でアルバイトを始めた。

「佐伯君、だいぶ板に付いてきたわね」

背後から祐一の肩にポンと触れると、仁美が一呼吸置いていった。

「もうすぐ、読買《よみかい》電機の第一回期日よ」

「懐かしいですね！　私が入ったばかりのころに相談があって、提訴した事件ですよね」

「そうよ。覚えていた？」

「もちろんですよ。あの事件がきっかけで、民訴が眠素《みんそ》じゃなくなってきたんですから」

「それはよかったわ。期日が明日の午前十時なんだけど、よかったら来ない？」

「えー、いいんですか。弁護士じゃないのに法廷に入っても」

「当事者席は無理よ。弁護士か当事者本人じゃないと原則として入れないから。傍聴席で見学ってこと。読買電機の方の了解も取っているから大丈夫よ」

べんじゅん？

民事訴訟を行う場所は二つある。一つが法廷。もう一つが書記官室だ（☆1）。

法廷は、テレビのニュースやドラマで登場する厳かな場所をイメージすればよい。正面に高い法壇があり、そこに裁判官が座る。その真下に裁判所書記官が座る。みな黒い法服を羽織っている。何色にも染まらない黒だ。

裁判所サイドの人間としては、ほかに法廷での設営を担当する裁判所事務官もいる。事務官は私服だ。今風のファッションをしている若い女性も多い。法廷で弁論が始まる前に、当日提出された書面の受渡しをするなど当事者と裁判所の橋渡し役を務めたりする（☆2）。いわゆる廷吏《ていり》の仕事である。

法廷がある部屋は、裁判官・当事者・代理人（弁護士）が座る法廷と、一般に開放された傍聴席とが、大人の腰より少し下くらいの高さの柵で仕切られている。

傍聴席から正面の法壇に向かって左側の当事者席に原告側が座り、右側に被告側が座る。

民事訴訟においては当事者本人だけで訴訟をすることもできる。弁護士を立てないで訴訟をする人もいる。本人訴訟という。

もっとも、オーソドックスなのは、専門家である弁護士を代理人として選任する方法だ。代理人として弁護士以外の者を選ぶことは原則として禁止されている。これを弁護士代理の原則という。三百代言《さんびゃくだいげん》といって、事件屋などの弁護士資格のない者が事件を食い物にするのを防止するためだ。

第一回の期日（正式には口頭弁論期日という）や、証人尋問、判決の言渡しは、必ずこの法廷で開かれる（☆3）。

これに対して、民事訴訟が行われるもう一つの場所である書記官室は、裁判所の建物の中にある会議室のようなところだ。多くは縦長の四角いテーブルがあり、狭いところでも六人分の椅子くらいはある。各裁判所の各部によって違うが、広いところだと十人分以上の椅子が用意されている部屋もある。

この書記官室では、口頭弁論ではなく、主として弁論準備手続や和解が行われる（☆4）。弁論準備手続は、弁論準備あるいは「べんじゅん」などと略されて呼ばれている。争点の整理を目的とする期日である。和解は当事者が判決によらないでお互いに譲歩して解決する方法を模索する期日である。

ここでは、裁判官も黒い法服は身につけない。スーツで見た目は普通のサラリーマンのような風貌である。一般にも原則として公開されないので、ざっくばらんに裁判官と代理人・本人が議論をすることができる。

法廷で第一回の口頭弁論期日が行われた後、次の期日を法廷で続ける裁判官もいるが、最近はこの弁論準備に付する裁判官が多い（☆5）。

なお、期日とは、裁判官と当事者等が会合して訴訟に関する行為をする時間のことだ。口頭弁論、弁論準備、和解、証拠調べ、判決言渡し、いずれも期日の一つである。

また、地方によって、ラウンドテーブル法廷といって、大きな丸テーブルで期日を行うところもある。

この手法も、ざっくばらんに議論できる空間の演出の一つである（☆6）。

傍聴の日の朝

パンパカ♪パパパパ♪パンパカパンパカ
朝の携帯が突然賑やかな音を奏で始めた。ふわぁー。

権藤法律事務所の仕事に慣れた祐一も、相変わらず朝は苦手だ。

「もふぃ、もふぃ」

「おはよう。やっぱり寝ていたのね」

優美の声が携帯の受話器から漏れた。

「やっぱりって、今日はバイトないふぃ……、うーんと、大学の授業も午後からだったはず……」

「いま何時かわかる？」

「えっ。もしかして、もう昼過ぎ？？」

祐一は青ざめた。

「九時よ」

祐一は胸を撫で下ろした。

「なんだあ。全然余裕じゃないか。どうしたんだよ。朝っぱらから。声が聞きたくなったのかい。まったくー、朝から……」

「今日傍聴でしょ？」

緩み切っていた祐一の顔が、一瞬にして引き締まった。

「そうだった。やばい！」

この日の事務員バイトは、別の女性が出勤する日だった。祐一は傍聴するために東京地裁に直接行く予定だったのだ。

「もっと早くいってよー。期日が十時で、仁美先生との待ち合わせが九時五十分だった。場所は東京地裁五五五号法廷の傍聴席だったな。……まだ間に合う。危なかった。じゃあ！」

ツーツーツー。

「まったくもう。いつもこれだから」

いつもの祐一のリアクションに優美はクスリと笑った。

関係者専用？

急げー。

祐一は、超特急で身支度を整えると、霞ヶ関にある東京地裁に向かった。

国家機能の中枢が集まる官庁街。他のビルと同様に高くそびえ立つ裁判所を目の当たりにして、祐一は一瞬圧倒された。

「東京高等裁判所、知的財産高等裁判所、東京地方裁判所、東京簡易裁判所……いろんな裁判所が一つの建物に入っているんだもんな。大きいわけだ」（☆7）

裁判所に来たのは、これが初めてだった。

「九時四十五分だから、ぎりぎり間に合いそうだぞ」

そう呟くと祐一は、裁判所の入口に近づいた。入口は二つあった。

右側は長蛇の列ができている。左側はがらがらだ。

「なんだ、みんな。行列のできるラーメン屋に並ぶ心理なのかな。空《す》いている方から入ったって同じ裁判所なのに」

祐一は右側の入口に列を作って並んでいる人々を尻目に、悠然と左側の入口から裁判所に入ろうとした。

警備員が両端に立っている。

「おはようございます。お疲れさまです」

祐一は、権藤法律事務所に入って覚えた挨拶を警備員に投げかけた。

朝の挨拶はきちんとしないとね……

と、その瞬間、祐一の目の前に警備員二名が立ちはだかった。

「ここは関係者専用の入口ですよ」

東京地裁の入口は二つに分かれている。祐一が入ろうとした左側は関係者専用。弁護士なら向日葵《ひまわり》の弁護士バッチが通行手形となる。

「おはようございます」

後ろから馴染みのある香りと若い女性の声が舞った。

仁美だ。

「佐伯君、笑えるわ。まだ司法試験受かってないでしょ。ロースクールすら行ってないし。司法試験に受かった司法修習生なら通れるけど、ロースクール生だって通れないのよ。ここは」

仁美は新緑の季節に映える白のスーツで颯爽と登場した。

「じゃあ、お先に」

「仁美先生。そのバッジ貸して下さいよー」

先に裁判所に入った仁美に祐一が冗談をいった。

「一般の方は向こうからお入りください」

祐一の言葉は警備員に遮断された。

「佐伯君。遅れるとまずいから、私先に法廷に行ってるわね。佐伯君は荷物検査するのよー」

いつか、この入口を仁美のように颯爽と通り抜けたい。

祐一はそんな思いを握りしめ、一般の入口で手荷物検査を受け、裁判所に入った。

初めての法廷傍聴で……

ガチャ。

「それでは、被告が欠席していますので……」

静寂な空間が作る厳粛な雰囲気の中に、裁判長の声が鳴り響く。

息を切らした祐一が東京地裁の五五五号法廷のドアを開けたのは、十時過ぎだった。

原告席に仁美はいない。

あれれ。

傍聴席を見回すと、弁護士バッジをつけた代理人がたくさん座っている。

「大勢いるんだなあ」

ポカーンと口を開けた祐一に、ドア近くに座っていた仁美が囁いた。

「佐伯君、ここよ」

「あー、ここでしたか」

思わず大声を出してしまった祐一に法廷にいる者みなが目を向けた。

「傍聴人は、法廷ですから静粛にしてください」

裁判長が祐一を睨んだ。

「す、すみません」

「なにやってるのよー。もう」

小声で仁美が大笑いした。

「座って、座って」

仁美の隣に祐一は座った。

全然違う？

あっはっはっはー。

権藤法律事務所に笑い声がこだました。

「笑っちゃったわ、佐伯君には。ホント困った子」

権藤が口を開いた。

「でも、いろいろ勉強になったんじゃないかな。教科書で読むのと全然違うだろう。実際の訴訟は」

「はい、全然違いました。いい刺激になりました」

「内川君の話とも全然違うだろう」

仁美の兄弁《あにべん》、鈴木が茶化した。

「鈴木先生。失礼しちゃうわ。そんなことないわよねー、佐伯君」

「はい。内川先生の話とも全然違いました」

「なにー。せっかく連れて行ってあげたのに、佐伯君まで。もうみんな失礼！」

「冗談ですよー」

あっはっはっはー。

「それにしても、同じ時間帯にたくさん期日が入っているなんて知りませんでしたよ」

「どれくらい入っていた？」

権藤が祐一に尋ねた。

「午前十時に五件入っていました。なかなか順番回ってきませんでしたよね、仁美先生」

「ええ、あはは」

仁美は珍しく顔を赤らめた。

「もっと早く行くようにってね」

鈴木が戯《おど》けた。

「それは私のセリフだぞ、鈴木君」

権藤が突っ込みを入れた。

「え？　どういうことですか？」

祐一は三人の弁護士の会話が理解できず、思わず尋ねた。

「読買電機の事件も入れて五件が、十時の期日に指定されていたんだよね。その順番ってくじ引きだとでも思った？」

「いやあ……よくわかりません」

「もう、いいじゃない。先生」

仁美は我慢できず、自ら種明かしをした。

「同じ時間帯に期日が入っている事件は、代理人が出頭した順番でやるのよ。私がぎりぎりだったから五番目だったの。あはは。勝敗には全く影響ないから問題なし」

陳述

「平成十八年（ワ）第七七七七号、売買代金請求事件。原告、株式会社読買電機、被告、株式会社濱縦《はまたて》工機」

廷吏《ていり》をしている裁判所事務官の高らかな声が、法廷内に響き渡った。これを事件の呼び上げという。（ワ）は通常の民事訴訟の第一審を意味する。番号は係属裁判所のその年度の受付順に付けるものだ。これらを総称して事件番号という（☆8）。これで事件を特定するのだ。

「やっと呼ばれましたよ、仁美先生」

祐一は、今度は控えめな声を出した。

「内川先生、武西《たけにし》先生お入り下さい」

廷吏が促した。

「じゃあ、行ってくるわね」

原告席に仁美が座った。背筋をピンと伸ばし真剣な表情をしている。

「仁美先生かっこいいー」

祐一は心の中でそう呟くと笑みを浮かべた。

「それでは、始めます」

法壇の真ん中に一人で座っている裁判長が口を開いた。

「では、原告は訴状を陳述《ちんじゅつ》しますね」

裁判長がそういうと同時に、仁美が立ち上がった。

「はい、陳述いたします」

そう答えると、仁美はすぐに座った。

「被告は、答弁書を陳述しますね」

「はい」

被告濱縦工機の代理人は、風格漂う四十代から五十代くらいの男性だった。仁美と違い、男は座ったまま太い声を天井一杯に響かせた。

口頭弁論

陳述とは、代理人（または本人）がなす訴訟行為の一つである。請求を基礎づける主張などを裁判所で提出する行為だ。

原告が裁判を起こす場合、訴状を裁判所に提出する必要がある。

「仁美先生。陳述しますって一言で済ますんですね」

法廷の帰り道。裁判所の外に青空が広がっている。

「そうよ。陳述しますっていえば、訴状に書いてあることを全部法廷で私がしゃべったのと同じ効果が生じるの」

「民事訴訟は口頭主義が原則だって教科書に書いてありましたけど、陳述って随分あっさりですね」

「そうね。口頭弁論は、文字通り口頭主義が原則。本来の建前ではあるんだけど……」

口頭弁論とは、裁判官の前で当事者双方が関与した状態で、口頭で弁論や証拠調べをする審理方式のことをいう。また、期日における訴訟行為の意味で用いられることもある。

「実際は書面で済ましているのが実情ね」

「もっと、ガンガン代理人がやり合うのかと思いましたよ」

「もちろん、そういうときもあるわよ。でも、肝心な主張は書面で書く方が正確でしょ。裁判官もその場でいわれたことだけじゃ、理解できないこともあるし、書面が残ってないと忘れちゃうわよね」

「なるほど。確かにそうですね。一人の裁判官が事件をたくさん抱えているみたいですし。書面の方が正確で便利なんでしょうね」

「今回は訴状だったけど、次から主張や反論をするときに提出するのは……」

「準備書面！　ですね」

祐一は間髪入れずに答えた。

「そう。そのとおり」

「傍聴しているとき、ほかの事件でやってました。『被告は第五準備書面を陳述しますね』って」

準備書面とは、当事者が口頭弁論において提出しようとする攻撃防御方法や相手方の主張に対する反論を予め記載したものである。これを裁判所に提出することで、あとは法廷等で陳述すれば全て記載内容を主張した扱いになる。

「佐伯君、じゃあ私は日比谷線だから。お疲れさま。口頭弁論の原則については、今度またレクチャーしてあげるわ」

主張の次は？

「へえ。それで次はどうなったの」

上慶大学のカフェテリア。村田と吉村が、祐一の裁判傍聴記を（興味深く）聞いていた。

「陳述したのは第一回期日だから訴状と答弁書だけど、これは主張だよね」

ここでは祐一が先生だ。

「主張の次は何だよ？　もったいぶらなくてもいいじゃん」

バイトの時間が迫っていた吉村が急かした。

「主張の次は、それを裏付ける立証だろ」

村田が冷静に答えた。

「そうそう。さすが村田」

祐一はライバルに賞賛を浴びせた。

証拠説明書

「続いて証拠の関係に入ります。原告からは甲号証《こうごうしょう》が出ていますね。えーと、甲一号証から六号証までですか」

裁判長が手元の書類をパラパラとめくりながら確認した。裁判長が確認した書類は証拠説明書だった。

証拠説明書というのは、提出する証拠の早見表のようなものだ。提出する証拠の一つひとつについて、その標目《ひょうもく》（タイトルのこと）、作成年月日、作成者、立証趣旨等を記載する（☆9）。

「はい、そうなります」

仁美が答えた。

「では、原告は甲一号証から六号証を提出しますね」

「はい、提出いたします」

仁美は陳述のときと同じように、立ち上がったかと思うとすぐに着席した。

民事訴訟で当事者が提出する証拠は便宜上、原告が提出するものは甲号証、被告が提出するものは乙号《おつごう》証《しょう》という。提出する順番に甲一号証、甲二号証……となる。

「原告代理人、甲一号証は原本《げんぽん》ですね」

「はい、そうです」

甲一号証は、読買電機と濱縦工機の取引基本契約書だった。契約書などの重要な証拠は、原本そのものが残っていれば、写し（コピーのこと）よりもよい。最良《さいりょう》証拠は原本なのだ。

「では、原本を見せてください」

裁判長がそういうと、法壇の横に立っていた廷吏が仁美の近くに来た。

「こちらになります」

仁美が廷吏に甲一号証の原本を手渡すと、廷吏はこれを法壇の上にいる裁判長に渡した。

裁判長は取引基本契約書を見ると、下に座っていた書記官に手渡し、今度は書記官が被告代理人にこれを届けた。

少し間を置き、裁判長が被告代理人に尋ねた。

「成立の真正はよいですか」

「はい、特に争いません」

な、なにをしてるんだ？　これ？

祐一は今すぐにでも仁美に質問したい気持ちになったが、これを抑え固唾を呑んだ。

原本取調べ写し提出

「ほかにも何か気づいたことはあった？　どうかな、佐伯君？」

権藤が外出した後は、鈴木が少し偉そうになった。

「裁判官や相手方代理人に契約書を見せていました。どういう手続になるんですか。法的にいうと」

「やだあ、佐伯君。『法的にいうと』だって。弁護士みたい」

お茶を運んできた事務の石井が笑った。

「石井さーん。これでも、弁護士目指しているんですよ」

「そうだったわね。私が佐伯君を佐伯先生って呼ぶ日が来るのかしら。なんだか想像がつかないわねえ」

祐一は「佐伯先生」と呼ばれ違和感を覚えたが、満更《まんざら》でもなかった。

「原本取調べ写し提出だったの？　内川さん」

「ええ。そうですよ」

兄弁鈴木の質問に仁美が答えた。

「ななな、なんですか。それ？」

祐一は聞き慣れない法律用語に目を丸くした。

「契約書は重要な証拠だから、原本の方がいいよね。でも、契約書の原本を裁判所にそのまま提出してしまったらどうなるかな」

鈴木のレクチャーだ。

「重要な契約書ですから、会社が困ります」

「そうだよね。それで、裁判所に提出するのは写しにするけど……あっ、写しってのはコピーのことね。提出する期日で、裁判所に原本を持参して、裁判官に直に取り調べてもらうわけ」

「そういうことだったんですか」

「そうそう。佐伯君、その後のやりとり覚えてる?」

うずうずしていた仁美が口を開いた。

「ええ。成立のシンセーがどうのって……」

「成立の真正というのは、文書の形式的証拠力のことよ。その文書が作成者の意思に基づいて作成されたものかどうか。偽造だと主張したいときは、ここで成立の真正を争う必要があるの」

「なるほど。取引基本契約書自体が偽造かどうかという争いはないから、相手方代理人も何も異議を唱えなかったわけですね」

「そういうこと!」

鈴木と仁美が同時に答えた。

裁判官の人数

「ところで、佐伯君。裁判官は何人いた？」

仁美は我が教え子のように質問を続けた。

「一人ですけど」

「裁判官っていつも一人なのかしら」

「そういえば、テレビのニュースとかでは、三人くらい座っているのを見たことがあります。最高裁だともっといたような気がします」

「じゃあ、今日の法廷はなんで一人の裁判官だったのかしら」

「簡単な事件だったからですかねえ……」

「ですかねえ……じゃなくて、法律上どうなっているの？」

「うーん」

祐一は唸った。

第4話　法廷傍聴で民訴を学ぶ——後編

当事者の欠席

「読買電機《よみかい》の事件が始まる前にあった事件でも、気になったものがありました」

仁美が原告代理人をしている読買電機の事件が始まるまで、祐一は四件の民事事件を傍聴することができた。

「裁判長に怒られたわりには、意外と冷静に観察していたみたいね。佐伯君大物かも」

仁美は続けた。

「もしかして、欠席の事件？」

「そうです。二つも欠席があったのでびっくりしました」

「民事の事件では、当事者の欠席って意外とあるのよ。特に訴えられた側の被告に多いわ」

「そうなんですか。それで、民事訴訟法も当事者が欠席した場合の規定を置いているんですね」

民事訴訟法には、当事者が欠席した場合の対策規定が設けられている。大学生や司法試験受験生が勉強する学術書にも、当事者の欠席はページを割いて書かれていることが多い。

「じゃあ、最初の欠席事件からいくわよ」

二人は、祐一が大声を出して裁判長に怒られた直後のシーンを思い返した。

擬制自白

「被告は欠席ですね。被告からは答弁書も何も提出されていませんので、擬制自白《ぎせいじはく》になります。単純な貸金返還請求事件ですので、弁論を終結して判決を言い渡しますが、原告はよろしいですか」

「結構です」

もう終わり？？

祐一は目の前で起きている出来事を即座に理解することができず、困惑した。

「それでは判決を言い渡します」（☆10）

法廷いっぱいに裁判長の声が響く。

「被告は、原告に対し、三百万円及びこれに対する平成十八年五月一日から支払済みまで年五分の割合による金員を支払え。訴訟費用は被告の負担とする。この判決は、第一項に限り、仮に執行することができる。以上です」

裁判長の判決言渡しが終わると、ただ一人出席していた原告代理人は、そそくさと法廷を去った（☆11）。

「平成十八年（ワ）第六六六六号……」

間もなく廷吏《ていり》が次の事件の呼び上げをした。

「あっという間に終わるんだ」

祐一は慌ただしく代理人が入れ替わる法廷を目の当たりにし、隣の仁美にも聞こえないくらいの声で呟いた。

シュシ？

「裁判って訴えられたら、指定された期日に出頭しないと大変なんだよ」

「どうなっちゃうの？　欠席すると」

優美が訊ねると、祐一は嬉しそうな顔をした。

「欠席判決だよ。欠席判決」

「あー、よく聞くわね。その場にいない人が言いたい放題言われる。裁判でもそんなことがあるんだ。裁判長も悪口いったりするんだ」

「いやいや違うよ。それは欠席裁判でしょ」

「あはは、わかってるわよ、それくらい。冗談よ。欠席した人に不利な判決が出ちゃうんでしょ」

「なんだ、知ってるんだ」

法学部の祐一は、教育学部の彼女にそう言われたことが何だか悔しかった。

「でも、なんで欠席判決になるかは知らないでしょ」

「欠席する方が悪いってことかな」

「うーん。まあ、趣旨はそういうことだね」

「シュシって言葉好きね、最近」

「法律の基本だもん」

法律の条文には規定された理由がある。これを立法趣旨という。略して趣旨ということが多い。ある条文の規定の解釈が問題になった場合、この趣旨から紐解いていく作業が法律家の御家芸だ。

「被告が欠席して、答弁書も何も出さない場合、擬制自白が成立するから、欠席判決ができるんだ」

「じゃあ、明日早いからもう寝るわ。おやすみ」

ぷーぷーぷー
電話が切れ、優美は消えた。

「ギセイジハクって何？」と素直に訊いてくれることを期待していた祐一だったが、優美の方が上手だった。

判決はいつするのか？

「ギセイなんとかって裁判長がいっていたような気がしますが、どういう意味なんですか」

「擬制自白のことね。擬制はみなすっていう意味でしょ……」

「欠席すると自白とみなされちゃうんですか。もう一件の欠席事件は次回期日が指定されていましたけど」

「擬制自白というのは、訴訟の当事者が相手方の主張した事実を争うことを明らかにしない場合に、その事実を自白したものとみなすことよ。この規定は、もともとは当事者が出席している場合のもの。でも、当事者が口頭弁論の期日に出頭しない場合にも準用されているの」

擬制自白は、民事訴訟で注意しなければならない制度の一つである。

今回のように、最初の期日に欠席し、答弁書すら提出していないような場合はもちろん、きちんと出席している場合でも、相手方が提出した準備書面に記載してある主張について、認否《にんぴ》も反論もしないで結審《けっしん》すると、認めたものとみなされてしまうことがある。「相手方の主張した事実を争うことを明らかにしない」

場合として、判決でその事実が認定されてしまう危険があるのだ。

もっとも、相手方の準備書面に記載されている主張について逐一答えないといけないという訳でもない。弁論の全趣旨により、その事実を争ったものと認めるべきときには、擬制自白は成立しないとされている（☆12）。

弁論の全趣旨とは、口頭弁論に顕《あらわ》れた一切をいう。準備書面等に記載がなくても、法廷で裁判長に質問され、代理人が回答した内容や、あるいは答えなかった事実なども含まれる。

「裁判長は、単純な貸金返還請求事件だから判決を言い渡したみたいです。ということは、第一回の期日で、欠席した被告に擬制自白が成立した場合でも、すぐ判決言い渡しにはならない場合もあるんですか」

祐一は覚えたばかりの法律用語を使いながら、仁美に質問した。

「ええ、あるわ。判決の言い渡しって、どういうときにするかわかる？」

「裁判官が結論に達したときじゃないですか、心の中で」

祐一は法律の議論に慣れてきた。

「まあ、そういうことだけど。民事訴訟法には何って書いてあるの？」

「えーと、それはまだ勉強してません……」

祐一は途端に小さい声になった。

「じゃあ、条文を探して」

仁美が促した。

「えー、うーん。あ……ありました。『訴訟が裁判をするのに熟したとき』です」

損害額の認定

「だとしたら、まだ、判決をするのに熟していないときは、第一回の期日に被告が何も書面を出さないまま欠席した場合でも、欠席判決は言い渡せないんじゃないの？」

吉村には珍しく的を射た答えだ。祐一は一瞬動揺した。勉強していないはずの吉村が、いとも簡単に答えたからだ。

「そうそう、そうなんだ。俺が傍聴した事件は、貸金返還請求訴訟で、消費貸借契約書もきちんと証拠で提出されていたから、すぐに判決になったんだ」

「もう十分、判決には熟していた訳か」

村田が口を開いた。

「そういうこと。だから、例えば、旦那の浮気が原因で婚姻関係が破綻したようなケースで、奥さんが旦那の浮気相手の女性にも慰謝料請求をする場合はさ、訴えられた女性が、第一回の期日に答弁書も何も出さずに欠席したとしても、弁論終結にはならないんだよ」

仁美の請け売りだが、祐一はお構いなしである。

「でも、被告がそのまま欠席し続けたらどうなるの？」

吉村が食いついてきた。

「要は、判決をするのに熟せばいいわけだから、続行期日で原告が不貞行為の事実などを立証していけばいいみたいだよ」

「立証って尋問までするの？」

「いや、その場合は、原告の陳述書などを提出していけばいい。それで、慰謝料の額などを決める要素にもするんだ」

「二四八条が根拠になるんだろうね」

「さすが、村田。そういうことになるんだろう」

「二四八条？　おいおい。そんなこといわれても、わからないよ。法律オタクだな、お前ら」

吉村は白旗を揚げた。

民事訴訟法二四八条は、損害が生じたことは明らかであるものの、損害の性質上その額を立証することが極めて困難である場合に、裁判所が相当な損害額を認定できるという規定だ。口頭弁論の全趣旨と証拠調べの結果に基づいて認定するとされている。陳述書などに書かれている被告の女性の悪さ加減を見ながら、だいたいこのくらいという損害額を裁判官が決めるのだ。

擬制陳述

「仁美先生。もう一つの欠席事件も、同じく第一回だったのに扱いが違いましたよね」

「どこが違ったんだと思う？」

祐一は薄れかけていた記憶の糸を辿った。

「では、原告は訴状を陳述しますね」

「はい。陳述いたします」

「えー。被告は欠席していますが、答弁書が提出されていますので、擬制陳述とします」

「それから、原告から証拠が出ていますので……」

朧《おぼろ》気《げ》ながら甦ってきた記憶を頼りに、祐一が答えた。

「擬制……なんとか。これも擬制自白だったかな？？」

「残念。こっちは擬制陳述よ」

「言葉が似ているから、本だけで勉強している学生は混同しがちだけど、実際の法廷さえわかっちゃえば簡単に区別がつくわ」

仁美が続けた。

「擬制陳述は、陳述を擬制するの。出席していれば、提出した訴状なり、答弁書なり、準備書面を陳述するでしょ。欠席している場合、当事者がその場にいないから、口頭主義の観点からは、本来陳述そのものができないはずよね。でも、陳述をしたってみなすのよ。だから擬制陳述」

擬制陳述は、第一回の期日に当事者の一方が欠席した場合に限られる。第二回以降の期日では擬制陳述はない。

「民事事件の場合、第一回の期日は被告のあずかり知らないところで決められて、呼出状が来るの。だから、被告代理人として事件を受任した弁護士が、もう予定が入っていて、その期日は法廷に行けないってことがよくあるのよ。そういうときは、答弁書を予め裁判所に提出して、期日は欠席。擬制陳述にしてもらうの。結構多いわ」

「『擬陳《ぎちん》でいいや』ってね」

電話が終わった鈴木が戻ってきた。

「ギチン……ですか」

教科書には書いていない略語まで覚えられる。民訴《みんそ》は実務家に教わるのが一番だ。権藤法律事務所でバイトを始めて正解だった。

祐一は、ほくそ笑んだ。

単独制と合議制

上慶大学の図書館は静寂に包まれていた。祐一は日中は大学の図書館で勉強することが多い。家にいると誘惑が多いからだ。

裁判官の数が法律で決まっているとは知らなかった。民事訴訟法には規定がないからなあ。

祐一は、頭の中で法廷傍聴の復習と議論を始めた。

裁判所法という法律がある。裁判所の事務運営について規定した法律だ。祐一がいずれなるであろう司法修習生の規定まである。司法修習生は司法試験に最終合格した後、申請すれば、原則としてなることができる。法律家の卵だ。

それはともかく、裁判所法には、単独事件と合議事件の基準が規定されている。

単独事件とは、祐一が傍聴した地裁の事件のように、裁判官がひとりで事件を処理するタイプだ。

これに対して、合議事件とは、下級審（最高裁判所より下の審級のことで、高等裁判所や地方裁判所などをいう）においては三名の裁判官で事件を処理するタイプになる。複数の裁判官で話し合いながら決める方式だ。最高裁判所になると、小法廷では最大五人（定足数三人）、大法廷では最大十五人（定足数九人）の裁判官となる。これも合議制だが、通常の弁護士に馴染みが深い下級審では合議制といえば三人体制を指す。

高裁では合議制のみだが、地裁では単独制が原則だ。もっとも、地裁でも複雑な事件など合議体で審理した方が相応しいと合議体で決定した場合には、合議制となる。

刑事事件では、殺人罪などの重大犯罪は合議制というように、犯罪の種類で合議制と単独制が法律上分けられている部分があるが、民事事件ではそういった定めはない。

だから、単独事件として配転されていたものが、「これは難しい事件だ」となったときに、途中から合議事件に変わることもある。

民訴の重要な諸原則

「そういえば、一件だけ続行期日のものがあったわよね。覚えている?」

「ええ。どんな事件だったか覚えていませんけど……」

祐一は何を訊かれるのかドギマギした。

「その事件は、民訴で勉強する重要な諸原則の一つが出てきたのよ。わかったかしら?」

「民訴の重要な諸原則ですか」

「そう、諸原則の一つよ。正確にいうと、その原則の補充になるけど。実質は例外に近いかな」

「……」

祐一はポカンと口を開けている。

「どう?」

「どう? って何をいってるのか全然わかりません。というか覚えていません」

「うーん、仕方ないわねえ、佐伯君。疲れてくると集中力途切れるわよねえ」

「……そうですか。でも仁美先生、質問が抽象的過ぎてわかりませんよ」

「あら、いうわねえ。裁判所の帰りに少し話したこと覚えてない？　今度続きを話すっていったこと」

仁美のヒントに祐一の記憶が甦った。

「わかりました！　口頭弁論の原則ですね」

「ようやくわかったようね」

「で……口頭弁論の原則と何が関係あったんですか」

「ありゃりゃ、ダメだこりゃ」

仁美は苦笑した。

必要的口頭弁論の原則

口頭弁論の原則といっても、その意味するところは多義的である。

例えば、必要的口頭弁論の原則。これは、判決をするためには必ず口頭弁論を行わなければならないこと、口頭弁論に顕《あらわ》れた主張と証拠だけが裁判の資料になることを指す。原則として口頭弁論が必要なのだ。

もっとも、原則だから、例外もある。例えば最高裁などが上告を棄却《ききゃく》する場合は口頭弁論は不要とされている。棄却とは、その請求を排斥すること。第二審の高裁で敗訴した当事者が、最高裁に上告した場合、高裁と同様の結論ということで、最高裁が上告棄却判決を書こうと思ったとする。この場合は、最高裁では口頭弁論を開く必要はないのだ。

逆に最高裁で、原審である高裁判決を変更する場合は、口頭弁論を開く必要がある。それで、新聞などでは「最高裁で弁論。高裁判決見直しの公算」などと報道されるのである。

なお、上告棄却判決以外にも、訴訟要件を欠き補正の見込みがない場合なども、必要的口頭弁論の原則は適用されない。訴訟要件は内容の審理に入る前の間口の問題だ。この場合は口頭弁論を開くまでもないから、書面審理で訴えを却下することができるのだ。訴え却下判決とは、内容審理に入らないまま原告の請求を排斥する門前払いの判決である。

口頭弁論の諸原則

「口頭弁論の諸原則は……」

部屋のベッドに寝そべりながら、祐一は呟いた。祐一は、民訴の定義をまとめたカードの表《おもて》を見ながら考えた。

「四つあったよなあ」

自問自答である。祐一は仁美の言葉を思い出した。

「佐伯君。これからは民訴の勉強をするとき、問題を解くとき、法廷傍聴したシーンを思い返してみることよ。イメージが湧くと全然違うから」

「よし、法廷を思い浮かべてみよう。俺は傍聴席に座り他人の口頭弁論を見た」

〝公開主義だ〟

公開主義というのは、訴訟の審理・判決などを誰でも傍聴できる原則のことである。全く事件に関係のない祐一が、他人の事件を傍聴できたのも、この原則のお陰だ。

この公開原則があるため、訴訟記録も裁判所に行けば誰でも閲覧することができる。謄写《とうしゃ》請求（記録のコピーを求めること）は、事件と利害関係があることが必要だが、閲覧は原則誰でもできるのだ。もっとも、企業秘密やプライバシー保護の観点から、閲覧制限をかけることもできる。

「それから……えーと。代理人の先生は『陳述します』を連発していたなあ」

〝口頭主義だ〟

口頭主義というのは、口頭で陳述されたものだけが判決の基礎になる原則をいう。法廷でしゃべったことの方が印象に残り、裁判官も直接質問しやすい。口頭弁論の原則にも合致する。

もっとも、口頭だけだと、記憶保存が困難になる。また、複雑な主張や事実関係を整理することは書面なくして不可能だ。そこで、準備書面、控訴理由書、上告理由書などの書面利用も必要となる。書面を利用することで口頭主義を補完するのである。

集中審理主義と併行審理主義

「あとは？」

民事訴訟法の授業が始まる前の教室は、二百人ほどの学生の声で充満していた。多くの学生は飲み会の話やテレビの話などをしていたが、二人は真面目な会話をしていた。

祐一が前夜ベッドで覚えた口頭弁論の諸原則を村田にぶつけると、村田は即答した。

「集中審理主義」

集中審理主義とは、厳密には、特定の事件の審理のため、数回にわたる口頭弁論を集中的に実施し、その終了後に初めて他の事件の審理に移行する主義をいう。継続審理主義ともいう。

「正解。でも、継続審理主義って実際にとられていると思う?」

祐一は、村田が傍聴経験がないことを知って敢えて訊ねた。

「事件もたくさんあるから現実には難しいだろうね」

村田があまりに簡単に答えたので、祐一は面白くなかった。それで実体験を自慢した。

「そうなんだよ。俺が傍聴した日も、見ていた時間だけでも五件連続で審理していたからね。集中審理主義になんかなっていない」

「併行審理主義が実情って訳か」

「……うん。そういうこと」

村田の答えは的確だった。祐一は集中審理主義の反対概念まで覚えていなかった。悔しかったが勉強になった。

……さすが村田だ。

なお、併行審理主義というのは、期間を置きながら口頭弁論を断続的に行う主義のこと。多数の事件を併行して処理できる点でメリットがある。村田がいうように日本の民事訴訟はこちらが現実なのである。

なお、口頭弁論の諸原則には、双方審尋主義もある。原告と被告という二当事者の対立を前提にする民事訴訟では、原告と被告の双方に主張と立証を行わせ、公平な審理を行うことが求められる。

事件の呼び上げ

「平成十七年（ワ）第三三三号、損害賠償請求事件。原告、株式会社若菜不動産。被告、加藤地所株式会社」

事件の呼び上げがなされた。

祐一が法廷で傍聴して、早くも四件目だ。

「えー。裁判官が交替しましたので、双方弁論の結果を従前どおり陳述ということでよろしいでしょうか」

「結構です」

双方の代理人が頷いた。

「では、今回は被告の方から第五準備書面が出ていますね。被告は、これを陳述ということでよろしいですか」

「はい、陳述いたします」

被告代理人は席に座ったまま声を上げた。

……座ったままの人もいるんだ。

祐一は代理人の訴訟活動を比較分析した。

直接主義

「口頭弁論の諸原則のひとつに直接主義というのがあるんだけど、わかるかしら」

「民訴の本には載っていた気がしますが……よく意味を理解できていません。直接やるんですよね」

「そのままじゃない。まあ、そうなんだけど、何が直接なのかしらね」

「さあ……」

「佐伯君、後半戦はまったくダメね」

「もう勘弁してください」

「直接主義っていうのは、判決をする裁判官が、自分で直接当事者の弁論を聴いて、証拠調べをする原則のことよ」

仁美は敢えて正確な定義を答えた。

「仁美先生。そんなの当たり前じゃないですか。それから何が直接なのかよくわかりません」

「判決の場面だけ思い描いてみて。判決を言い渡す裁判官がいるわね。この裁判官は事件を最初から最後まで全て、自分の目で直接口頭弁論を見ていないといけないのよ」

「ああ、そういう意味の直接ですか」

これまでわからなかった用語の理解が進み、祐一の脳は再び活動を始めた。

「でも、そうなると、裁判官が交替したら、直接主義に違反しませんか。あっ！」

「思い出した？」

「思い出しました。傍聴した事件で、裁判官が交替したから、どうの……ってのがありました」

「あれは、弁論の更新《こうしん》という手続よ」

裁判官が交替した場合、直接主義を徹底すれば、新しい裁判官の前で、もう一度今までの弁論と証拠調べをやり直す必要がある。しかし、裁判官の異動は現実には多く、事件の途中で交替することは日常茶飯事だ。にもかかわらずこれを貫くと、時間と費用が無駄になる。新しく担当した裁判官が事件記録を読めば済むことだからだ。そこで、新しい裁判官の前で弁論の結果を陳述するという手続を踏むだけで、よしとするのである。

祐一は、教科書に出てくる建前（原則）と、現実とのギャップを理解することができた。

また、今回登場した仁美の言葉は、後々祐一の試験勉強に良い影響をもたらす。

「民訴の勉強をするとき、問題を解くとき、法廷傍聴したシーンを思い返してみることよ。イメージが湧くと全然違うから」

☆1　民事訴訟を行う場所について、物語には「法廷」と「書記官室」と記載されている。しかし、弁論準備手続を行う部屋は「弁論準備室（弁準室）」や「準備室」といわれることが多い。

☆2　通常は書記官が早めに法廷に入っているため、席上提出の書面も書記官が対応していることも多い。

☆3　現在ではウェブ会議で口頭弁論が開催されることもある。民事訴訟法の令和四年改正により、民事訴訟はＩＴ化されることが予定されている。口頭弁論期日にウェブ会議を用いる方式も、この改正により、令和六年（二〇二四年）三月一日から可能になった。

☆4　弁論準備手続は、現在ではウェブ会議で行われることが多く、代理人である弁護士が裁判所に出頭することは少なくなっている。裁判官によっては、弁護士である訴訟代理人に対してウェブと法廷のどちらがよいかを確認している。ウェブ会議は、ウェブ会議システム（Teams）で行われる。そこでは裁判官が進行管理メモや宿題をまとめたものを、アップロードしていることもある。令和四年（二〇二二年）の民事訴訟法改正の前から、コロナ下の社会情勢の変化に対応するかたちで、令和二年（二〇二〇年）以降、「書面による準備手続」（書面準備手続）が、ウェブ会議を行う手段として活用されることになった。改正前は、弁論準備手続については、当事者のどちらか一方は裁判所に出頭することなどが必要となっており、和解期日では行うことができなかったが、令和五年（二〇二三年）三月一日から施行された同改正法により、双方当事者が裁判所に出頭しないかたちでのウェブ会議が弁論準備手続でも可能になり、また和解期日もウェブ会議で行うことが可能になった。もっとも、和解期日は、現在でも対面で行われることがある。

☆5　現在はウェブ会議を使った期日が活用されているため、形式的に第一回口頭弁論期日を指定した後に、当事者の同意を得て、当該期日の指定を取り消して「追って指定」としてしまい、最初からウェブ期日で進行する裁判体もある。

☆6　現在では、期日がウェブ会議の場合、裁判官は書記官室から、弁護士は事務所の会議室などから期日に参加している。弁論準備手続や書面による準備手続である場合、裁判官は法服を身に着けていない。現在では、代理人がいる事件では、ウェブ会議が多用されており、尋問で初めて法廷での口頭弁論ということも普通にある。尋問前に和解や訴えの取下げがなされた場合、一度も法廷に行かずに民事訴訟が終結することもある。

☆7　知的財産高等裁判所は、令和四年（二〇二二年）十月に、東京地方裁判所知的財産権部及び東京地方裁判所の他の関係部（商事部・倒産部）とともに、中目黒の新庁舎に移転し、「ビジネス・コート」として装いを新たにした（知的財産高等裁判所ＨＰ「『ビジネス・コート』への移転のご挨拶」参照）。そのため、現在は霞ヶ関の裁判所庁舎にはない。なお、東京簡易裁判所の民事部は、隣にある東京家庭裁判所の建物のなかにある。

☆8　令和時代の現在では、たとえば「令和六年（ワ）第七七七七号」となる。

☆9　現在では、「民事裁判書類電子提出システム（mints〔ミンツ〕）」を利用して、インターネットで提出することもある。mintsは、裁判書類をオンラインで提出するためのシステムで、対象は、準備書面、書証の写し、証拠説明書など、民事訴訟規則三条一項でファクシミリ提出が許容されている書面である（裁判所ＨＰ「民事裁判書類電子提出システム（mints）について」参照）。民事訴訟法の令和四年（二〇二二年）改正が全面施行されると、インターネットを利用してオンライン上で訴えの提起や主張書面の提出などをすることもできるようになり、裁判所からの送達もオンラインで行うことができるようになる（法務省ＨＰ「民事訴訟法等の一部を改正する法律について」令和五年（二〇二三年）十二月十九日）。

☆10　地方裁判所の民事事件で、現実に即日判決がなされる例は稀と思われる。民事訴訟法上、判決の言渡しは判決書の原本に基づいて行うのが原則なので（民事訴訟法二五二条）、被告が不出頭で第一回口頭弁論期日で結審した場合でも、判決期日が別の日に指定されることも多い。

☆11 民事訴訟の判決期日には、代理人が出頭しないことが多く、法廷に来ても傍聴席にとどまり、出頭扱いにしない弁護士も多い。出頭しなくても、判決期日後に代理人である弁護士は担当書記官に電話をすることで、判決主文を教えてもらうことができる。

☆12 そのため、被告が訴状記載の事実を争う場合でも、答弁書では、①「原告の請求を棄却する」こと、②「訴訟費用は原告の負担とする」こと、③「（請求原因事実は）追って、認否する」ことのみを記載して、原告の主張を争う姿勢は示しておく答弁書を提出するのが一般的である。内容が①〜③の三行のみで終わるため、「三行答弁書」といわれることがある。

（追記—民事訴訟のＩＴ化）

民事訴訟法の令和四年（二〇二二年）改正は、令和四年五月十八日に成立し、同月二十五日公布された（令和四年法律第四八号）。

民事訴訟のＩＴ化（デジタル化）を行うための改正であるが、大きな変動を伴うため、その施行は段階的に、次のように分けられている。

① 住所、氏名等の秘匿制度の創設

令和五年（二〇二三年）二月二十日から施行された。

② 当事者双方がウェブ会議・電話会議を利用して弁論準備手続の期日や和解の期日に参加することが可能となる仕組み

令和五年（二〇二三年）三月一日から施行された。

③ ウェブ会議を利用して口頭弁論期日に参加することが可能となる仕組み

令和六年（二〇二四年）三月一日から施行された。

家庭裁判所の訴訟（人事訴訟等）の口頭弁論期日は、施行日から一年六か月以内の政令で定める日からウェブ会議を利用して参加することができるようになる。

④ 人事訴訟・家事調停におけるウェブ会議を利用した離婚・離縁の和解・調停の成立等

公布から三年以内の政令で定める日から施行

⑤ オンライン提出、訴訟記録の電子化、法定審理期間訴訟手続の創設など（改正法の全面施行）

公布から四年以内の政令で定める日から施行

（以上は、法務省ＨＰ「民事訴訟法等の一部を改正する法律について」〔令和五年十二月十九日最終更新〕参照）

以上の令和四年改正前に、改正前の民事訴訟法の規定を前提に、民事訴訟におけるウェブ会議などのＩＴツールを活用した裁判実務は、コロナ下の令和二年（二〇二〇年）二月三日に、知的財産高等裁判所、東京地方裁判所、大阪地方裁判所、名古屋地方裁判所、広島地方裁判所、福岡地方裁判所、仙台地方裁判所、札幌地方裁判所、高松地方裁判所の各本庁で開始され、順次、各裁判所での運用も始まった。

その後、令和四年十一月七日に、高等裁判所の本庁・支部で、ウェブ会議等のＩＴツールを活用した争点整理の運用が開始されたことで、知的財産高等裁判所、全国の地方裁判所本庁（全五十庁）及び地方裁判所支部（全二百三庁）と合わせ、全ての高等裁判所及び地方裁判所での運用が実現した。

（以上は、裁判所ＨＰ「全国の高等裁判所及び地方裁判所でウェブ会議等のＩＴツールを活用した争点整理の運用を開始しました。」参照）

第3章 長すぎた春

あらすじ

依頼者は三十代の女性、江藤玲子。彼女の依頼は、学生時代から九年間交際してきた元彼に対して裁判をしたいというものでした。

ミュージシャンを目指していた元彼に貸してきた金三百万円を返せという貸金返還請求訴訟を提起しますが、玲子は「散々私を騙したんだから、三百万円じゃ足りない」「慰謝料も含めて一千万円くらい請求してもよかった」と言うなど言動が不安定です。

そんな日曜日の昼下がり、玲子は部屋の整理をしていた際にあるものを見つけます。

◉主題◉

第5話では、大遅刻が幸いして主人公（佐伯祐一）がゲットした「裁判官が、相手方の同級生の兄」という情報をもとに、公正な裁判とはどういうものか。いわゆる、裁判官の除斥、忌避、回避について学習することを目的としています。

第6話では、「大学3年生的には民法で精一杯」で民訴には手が回らないという主人公に、内川仁美が「処分権主義」をレクチャーします。処分権主義は民事訴訟法では重要な原理原則です。講学上の概念については、仁美のレクチャーを通じて学習していただき、その具体的な場面については、玲子の元彼に対する「訴訟の結末」を通じて理解していただくことを目的としています。

◉論点◉

・除斥、忌避、回避
・実体法と手続法
・処分権主義
・当事者の意思による訴訟の終了（訴え取下げ、和解、請求の放棄・認諾）

第5話　疑惑の裁判?!

事件の依頼

残暑厳しい折、権藤法律事務所に男女関係がこじれた事件がやってきた。

依頼者は三十代の女性。学生時代から九年間交際してきた男がいたが、別れることを決意。ミュージシャンになると夢を語っていたが、いつまでたってもプロになれず不安定な生活を送る男に見切りをつけたいと言うのだ。

「いままで彼に貸したお金は三百万近くになります。全部返してもらわないと気がすみません」

交際していた男性だから、消費貸借契約書が残っているわけではない。でも、あげたのかといえば、そうではなく、売れてからでもいいから返してもらうつもりだったと言う。

「三百万円を貸したという証拠はあるんですか」

仁美が尋ねると、江藤玲子が答えた。

「契約書みたいなものはありませんけど、もともと返してもらうつもりだったので、手帳にメモが残っています」

玲子はそう言うと、九年分の手帳をどさっと目の前に置いた。附箋《ふせん》が貼られているところをみると、確かにメモが残っている。男の名前と金額が書かれている。

「これで、お金を渡した日と金額は一応特定できますね。でも、そのお金が貸したものだという証拠はありますか」

「これが証拠になるかはわかりませんけど……」

玲子は鞄の中から、ボイスレコーダーを取り出すと、再生ボタンを押した。

「三百万円なんて大金、今返す金がないのわかってるだろ。CDデビューしたら返すから。もう少し辛抱してくれよ」

気持ちの問題

上慶大学の夏休みは長い。後期が始まるのは十月からだ。

そこで、祐一は普段と異なり、月曜から金曜までの平日、毎日アルバイトをしている。もちろん、権藤法律事務所の事務のバイトだ。

「佐伯君。あまり乗り気じゃないけど、三百万円の貸金返還請求訴訟を提起することになったわ」

「金額が低いですもんね」

権藤法律事務所でバイトを始めたばかりのころ、百万円という単位はおそろしく高額に感じた祐一だが、いまはその金額では低いと判断するようになった。

「困っている人を助けるのは弁護士の役割の一つよ。金額がどうこうって話じゃないわ」

「じゃあ、立証が難しいとか」

「うーん。確かに消費貸借契約書などの契約書はないけど、ボイスレコーダーが本人の声だと特定できれば立証はできると思うわ」

「じゃあ何が……」

「気持ちの問題なの」

珍しく仁美が「気持ち」などという言葉を使った。

祐一には何のことやらさっぱりわからなかった。

「毎日暑いですもんね」

「え?」

「暑いから疲れてるんですよ、仁美先生」

「疲れてるって、私が? 全然そんなことないわよ」

「だって気持ちが乗らないって」

「ああ、そういうことじゃないの。うーん。大学生の男の子にはわからないわよね」

弁護士と司法試験を目指す学生。そういった意味で、祐一は仁美にいつも子ども扱いをされている。が、今回は、祐一はそうではない別の意味で子ども扱いをされた気がした。

名刺交換

第一回口頭弁論期日。相手方の男性は、代理人である弁護士とともに出頭した。

玲子も仁美とともに出頭した。

「では、次回は原告の方で立証と主張の補充をしてください」

裁判官に一礼をして、仁美と玲子は法廷を退出した。

廊下に出ると、仁美は玲子のもとを離れ、相手方代理人と名刺交換をした。訴訟は代理人同士がやり合うことになるため、第一回期日ではお互いに名刺交換をするのが慣例だ。

和解のときなど、期日外に代理人同士で電話連絡を取り合うこともある。そういうときのためでもあり、顔合わせの意味もある。

「それにしても、佐伯君、完全に遅刻ねえ」

仁美が呟くと、玲子が口を開いた。

「事務のお若い方ですよね」

「すみません。傍聴のご了承をいただいておきながら」

「朝寝坊は学生さんの特権ですから」

玲子が微笑んだとき、仁美の目には、相手方の男性が、こちらを気にしながら、相手方代理人に何か囁いている光景が映った。

相手方代理人は、ハンカチで汗を拭いながら対処している。冷や汗のようにも見えた。

「何かしら」

単に暑くてかく汗だったらいいんだけど……。

前方の相手方と相手方代理人の二人が階段の下に消え去ろうした瞬間、馴染みのある顔が全力疾走で現れた。

「すみませんでした！」

汗まみれの祐一だった。

裁判官の正体

「佐伯君！！」

仁美はきつい口調で祐一を呼んだ。

「すみません。暑くて昨日なかなか眠れなかったんです。それで……」

「傍聴のときは、いつも遅刻よね。しかも、今日は遅刻というか、もう終わってるから」

「では、私はここで。佐伯さんとおっしゃったかしら。内川先生から色々教わって、夢を実現させてくださいね」

玲子はそう言うと、温かいまなざしを若い二人に注ぎエレベーターの中に消えた。

「失礼いたします」

仁美と祐一はドアが閉まるまで頭を下げた。

「さて……」

仁美が祐一を睨んだ。

「佐伯君……」

「わかりました。すみませんでした。そんなことより……」

「そんなことよりって、随分と横柄な態度ね。この～」

仁美は、ふざけて右の拳《こぶし》を祐一の頭上に振り上げる仕草をした。

「先生、本当にそれどころじゃないんですよ」

「え？　何かあったの」

「それが、今日の事件の裁判官は、相手方の同級生の兄のようです。私が階段を昇ってるとき、正面から降りてきた男が弁護士にそう言っていたんです。だから、うまく利用すれば勝てるって」

「そうだったの。それで相手方の弁護士は、あの態度だったのね」

「遅刻しても重要事実をゲットしたでしょ、仁美先生」

「うーん。あんまり重要じゃないかも、事件としては」

期待外れの反応をされ落胆しかけた祐一に、仁美が微笑んだ。

「でも、佐伯君の勉強には重要かもね」

裁判の公正

「優美が俺を訴えたとしてさ」

「は?」

祐一は、いつものように彼女の優美に法律の話をしている。夜の受話器が二人を繋ぐ。

「なんで私が祐一を訴えるのよ」

優美は失笑した。

「まあ、例えばだよ。仮の話としてね。その方がわかりやすいから」

「わかったわ」

「それでね、裁判所に行ったら裁判官が何と俺のお父さんだった。さてどうする?」

「どうするって、あなたのお父様はサラリーマンじゃない」

「いや、だからたとえばの話」

たとえにしても例が不適切だったかと祐一は反省した。

「はいはい、例えばね。でも、そんなのあり得ないわよ。おかしいじゃない、当事者の親が裁判官だなんて」

「どうおかしい？」

「全然公正そうに見えないわ」

裁判官は、国会議員と異なり国民の選挙で選ばれるものではない。なりたい者が自ら司法試験に合格して、司法修習終了後、内閣から任命されるにすぎない。

その意味で、裁判官には民意は基本的に反映していない。民主主義の国でありながら、裁判官には国民の支持基盤がないのだ。

にもかかわらず、裁判制度が成り立っているのは、国民の信頼があるからである。裁判官は法律に基づき公正な判断をしてくれる。そういう信頼のもとで、この国の司法制度は存立している。

逆にいえば、公正さに疑いがかけられるような裁判はできない。

そこで、裁判官がその裁判をするにあたって、当事者との関係から公正さを疑われるようなケースにおいては、裁判を担当できない。こういう制度が担保されている。

除斥・忌避・回避

「被告の同級生の兄が裁判官？」

夏休みに久々に会った大学のクラスの友人二人にも、祐一は法律の話を振った。

「なんだか被告に近いような遠いような」

吉村が伸びをしながら答えた。

「除斥《じょせき》、忌避《きひ》、回避《かいひ》の問題になるかってことだろ」

司法試験の勉強をしている村田は、民事訴訟法上の問題を的確に指摘した。

「ジョセキ、キヒ、カイヒ？　相変わらず、法律オタクだな、お前ら」

除斥とは、裁判の公正を妨げる事情がある場合に、裁判官が法律上当然に職務執行から排除されることをいう。

裁判官の奥さんが当事者である場合や、兄弟や従姉妹《いとこ》などの四親等内の親族が当事者である場合などがある。

これらに該当する場合は、法律上当然に裁判官がその当事者の裁判をできないという点が、除斥の特徴だ。

「法律上当然に」という点が、以下の忌避、回避とは異なるところである。

では忌避とは何か。除斥事由にあたらない場合でも、裁判の公正を妨げる事情がある場合に、当事者が申立てをすることで個別に裁判官を排除するものである。

この裁判官は何となく不公正な裁判をしそうだから代えて欲しい。そんな漠然とした理由では認められないが、何らかの事情があって不公正な裁判をしそうだと思ったときに、当事者が採れる手段は、この忌避申立てとなる。

最後に回避。これは裁判官が自ら除斥ないし忌避の原因があると考えたときに、監督権を有する裁判所の許可を得て事件への関与を避ける手続のことだ。

例えば、不法行為に基づく損害賠償請求訴訟で、原告である被害者が裁判官の彼女だったような場合、裁判官は回避する。

忌避と回避の違いは、アクションを起こす主体の相違にある。忌避は当事者から、回避は裁判官自らである。

除斥事由

「仁美先生、なんであんまり重要じゃないなんて決めつけられるんですか。被告の同級生のお兄さんなんですよ、裁判官が。その裁判官を利用してやるって被告が言っていたんですよ」

祐一は食い下がった。

「うーん、佐伯君。一見不公平そうかもしれないけど。法律上どうなるか検討してみましょう」

仁美のレクチャーが始まった。

「まずは、除斥事由はあるかしら」

「わかりません」

「どてっ……。佐伯君、自信満々に言わないでよ。条文をみて」

祐一は仁美に促されて民事訴訟法の条文を探した。二三条に除斥の規定があった。

> 第二三条一項（裁判官の除斥）
> 裁判官は、次に掲げる場合には、その職務の執行から除斥される。ただし、第六号に掲げる場合にあっては、他の裁判所の嘱託により受託裁判官としてその職務を行うことを妨げない。
> 二号　裁判官が当事者の四親等内の血族、三親等内の姻族若しくは同居の親族であるとき、又はあったとき。

「現在においても、過去においても、配偶者でも四親等内の血族でもないですし、三親等内の姻族でもないです」

「そうすると除斥事由はないわね」

「はい」

「じゃあ、あとは代理人の立場からすれば、忌避申立てをするかどうかね」

「キヒ？」

「佐伯君、条文をみて」

仁美はあきれ顔で再び祐一に六法を引かせた。

「あっ、これですか。隣の二四条にありました。『裁判官について裁判の公正を妨げるべき事情があるときは、当事者は、その裁判官を忌避することができる』とあります」

「そうね。本件はどう？」

「どうって、何度も言ってますけど、『公正を妨げるべき事情がある』と思いますので、これは忌避できますよ、仁美先生」

「うーん。同級生のお兄さんでしょ。同級生っていつのかしら」

「小学校と言っていました」

「うーん」

仁美がやれやれという表情をした。

「それで、そのお兄さんとは付き合いがあるのかしら」

「二十年ぶりの再会だと言っていました」

「ふーん。で、当時はどうだったのかしらね」

「その小学校の同級生の家に一度だけ遊びに行ったことがあるそうです。そのときに家で見かけたとか……」

日本の裁判において裁判官の一般的公正さは問題がない。男は「裁判官を利用する」と言っていたようだが、そのようなことはまずあり得ないといっていい。ましてや、このように二十年も昔に同級生宅で見かけたことがある程度の顔では、特に不公正さも感じられないだろう。だいいち、裁判官は彼を覚えていないかもしれない。

仁美はそう判断したからこそ、「あんまり重要じゃないかも」と言ったのだ。

「ところで佐伯君。相手方本人と代理人の会話を随分と詳細に聴いていたのね」

「え……」

祐一は顔を赤らめ俯いた。

「大遅刻の理由を考えていたんです。そしたら、ちょうどその話を耳にして……」

「話をすり替えられると思ったんじゃないわよね」

「ち、違いますよ。重要な……」

「勉強をしたかったのね」

仁美は笑った。

電話会議

「法的には特に問題ないんですが、一応得た情報ですのでご報告差し上げました」

仁美が電話でクライアントの玲子に事情を説明した。特に忌避を申し立てるようなことではないが、知った以上はその事実の報告と法的には問題ない旨の説明はしたいと考えたからである。

「ありがとうございます。でもね、内川先生。彼だったら言いそう。それ本当かどうかもわからないわよ。きっと向こうの代理人の先生も、さぞかし大変でしょうね」

玲子と男の付き合いは九年に及ぶ。クライアントの玲子自身が、誰よりも相手方の性格を知っているのだ。


「虚言癖があるのですか」

「虚言癖とまでいえるか、わからないですけど。どうも口ばっかりで……私も散々騙されましたから」

「ミュージシャンになると」

「ええ。彼の歌声はとっても素敵なんです。透き通った声はプロ顔負けなんですよ。でも売れるとは限らないですよね。インディーズまでは行ったんですけど。お金が儲かるどころかお金がかかる」

玲子の話はやむことなく続いた。

「彼が語る夢は結果的に虚言になったのかもしれないけど、一所懸命やっていたのは事実なんです」

さらに話は続いた。

「でも、結局商業的になれなくて。自分の歌とスタイルにこだわった彼は、年も重ねプロとしてやっていくのは無理だとわかったころから、だんだん生活態度も荒れ、嘘が多くなってきたんです」

「嘘をつくのは、よくあることなんですね」

「ええ、裁判官を利用できるわけないのに。虚勢を張るんですよ。それくらいしか彼の精神には拠りどころがないんです」

まだ好きなのではないか。

仁美は別れた男の話を熱心に続ける玲子の口調から、そう感じた。

「彼に対する裁判、続けますか」

「続けるって……。ここまで来た以上やるしかないじゃない」

「すみません」

玲子はにわかに声を荒げた。その声は自分にいい聞かせているようだった。仁美は電話よりも会って話した方がいいかと思った。それから、もう少し時間が掛かるかと思った。

判決と和解

「仁美先生、いまの電話聞こえましたよ」

「ああ、例の女性の貸金返還請求事件よ」

「わかりますって」

祐一は、興味津々といった面持ちで仁美の席に近づいてきた。

「こらこら電話番しなさい」

「いいじゃないですか。電話鳴ってないですし、もう六時過ぎてますから」

「あら、随分たったのね。じゃあ帰りなさい」

「冷たいなあ、仁美先生」

「うそうそ。冗談よ。玲子さんって、本当に元彼からお金を返してもらいたいのかしらね」

「そうに決まっているじゃないですか。わざわざ仁美先生という大先生の弁護士にお金を払ってまで頼んだんですよ。それ以外考えられないじゃないですか」

「そうかなあ」

「先生！　弁護士なんですから、裁判続けますか？　なんて聞かないで下さいね」

「ああ、聞いてたのね」

「判決でがっちり三百万円勝ち取りましょうよ」

祐一は目を輝かせた。

「佐伯君ねえ。訴訟っていっても判決ばかりが全てじゃないのよ。むしろ実際は和解の方が妥当な解決になることが多いくらい」

と言うと、今度は仁美が目を輝かせた。

「そうか。ちょうどいいわね」

「嫌な予感が……。仁美先生、もう六時過ぎてますよ。私はこれから約束があるので帰ります。では、お疲れさまでした」

「もう。自分の都合ばっかり。せっかく処分権主義について教えてあげようと思ったのに」

未来の後輩のためにレクチャーをするのが、仁美は実は好きである。忙しい仕事の合間であっても教えることで自分のエネルギーにもなるからだ。だから時間を惜しまず教えたい。けれど、そんな思いもたまに空回りする。

「まあ、内川さん。もう終業時間だし、佐伯君も予定があるみたいだから帰してやりなさい」

二人の様子を見ていた所長の権藤が、仁美を制止した。

「残念です。勉強したかったんですけど」

「さてはデートね。いいなあ羨ましい」

「約束がありますので、お先に失礼します」

「もう、仕方ないわね。お疲れさま」

貸金返還請求訴訟の内実

「先日はすみませんでした。彼のことになるとつい感情的になってしまうんです」

玲子は別れたはずの男のことを彼と呼ぶ。

ふと気づいた仁美は、さりげなくノートに「彼」と書いた。

権藤法律事務所の応接室は適度な冷房が効いていた。祐一は電話番で応接室の外にいる。

したがって、応接室にいるのは仁美と玲子の二人。二十代の女性と三十代の女性が弁護士と依頼者という立場で面談をしている。

玲子が続けた。

「まさか訴えられるとは思ってなかったでしょうから、彼も相当驚いていると思います」

「そうでしょうね」

「でも、散々私を騙したんだから、三百万円じゃ足りないくらいだわ」

「いろいろご苦痛があったんでしょうね」

「慰謝料も含めて一千万円くらい請求してもよかったわ」

「お気持ちはわかりますが、ご結婚されていたわけではないですし、ご婚約されていたのでもない。そうなりますと彼と別れるからという理由だけで慰謝料請求はちょっと……」

最初に玲子が相談に来たときは、慰謝料の請求をしたいということだった。けれど、婚姻関係もなければ内縁でもない。

単なる男女交際で特に不法行為があった事情も窺えなかったため、「それは難しい」と仁美が説明した。そうしたところ、実は貸した金の返済がないという話が出てきた。

それで貸金返還請求訴訟を起こしたという経緯がある。

正直、仁美は玲子の真意がまだわからなかった。男への未練がまだあるかと思うときもあれば、お金に執着しているのかと思うときもある。

玲子自身も、自分が向かうところがわかっていないのかもしれない。形式的には「貸した金返せ」という裁判だが、内実は男への複雑な感情が錯綜する慰謝料請求訴訟なのだ。


「内川先生、これから私たちの関係も裁判で明らかにするんですよね」

「本来は単なる貸金返還請求ですので、お金を渡した事実と返す約束をしたことを立証すればいいんです。ただ、借用書がある事案ではないですし、九年間の交際の中で少しずつ貸したお金が溜まっていったというケースですから、お二人の関係もある程度出さざるを得ないと思います」

「そしたら、裁判官は私に同情して慰謝料も認めてくれるかしら」

請求をしていない請求

三十分後、仁美は玲子を見送った。

「なんだかどろどろしているわー」

部屋に戻ってくるのを待っていた祐一は、真っ先に仁美に声をかけた。

「残暑が厳しいですからね。男女関係もどろどろの熱さが続くんですねぇ」

「ほんとよ。あっそうだ、この前の続き」

「何とか主義ですか。まだ勉強してないです」

「いいじゃない。考えてみるだけでも勉強になるわよ。今日の質問も絡んでくるのよね」

「どんな質問だったんですか」

「裁判官が慰謝料も払うべきだと思ったら、提訴している三百万円の貸金のほかに慰謝料の支払も認めてくれるかって聞かれたの」

「慰謝料なんて取れる理由が法的にないんじゃないですか」

「そうね。でも、もしかしたら、今後尋問とかを進めていく過程で、実は婚約していたとか、虐待にあっていたとか、慰謝料を認めるべき事情が出てくるかもしれないでしょ」

「それはそのときです」

「佐伯君、答えになってないわよ」

「仁美先生、そろそろ答えを教えて下さい」

「どてっ。後半は毎回ダメね。じゃあ、続きは次回。次回までにパワーを貯めておいてね」

第6話　訴訟の結末

法律の話

「優美が俺を訴えたとしてさ」

「また、私が訴えるの？　私、そんなに裁判好きじゃないわよ」

「例えばだよ、仮の話。その方が」

「わかりやすいから……でしょ」

優美は先読みして祐一の言葉を補った。

「なんだ、わかってるじゃないか」

祐一は苦笑した。

祐一が司法試験の勉強を始めてから、夜の二人の電話の話題に「法律の話」が加わった。

祐一からすれば、それだけ熱心に勉強をしているだけである。祐一が自分の好きなことを優美に話すのは、以前から全く同じだ。

けれども、優美からすれば、恋人との夜の時間に別の女性の話が入ってきた。そんな感じがするときもある。

「でも仕方ないか。祐一の夢なんだし……」

「えっ、何？　突然」

「独り言よ、独り言。で、私が祐一を訴えてどんな問題があるの？」

「それがさあ、貸したお金を返せっていう訴えを提起していたはずなのに、ふたりの関係が裁判でわかっていくうちに、俺が優美に借金をしただけでなく、精神的苦痛も与えていた事実があるということがわかり、裁判官が慰謝料も払った方がいいって思ったんだ」

「そういえば、このまえ貸した千円、まだ返してもらってないわよ」

「あれっ、そうだっけ……。そうだ。明日はバイトがあるから早く寝なくちゃ。おやすみ！」

ぷーぷーぷー。

「まったく。ホント調子いいんだから」

手続的な問題

権藤法律事務所では、彼女の優美との会話と違い、弁護士の仁美が多くの質問をぶつけてくる。即答できないことが多いが、祐一にとっては、学術書を読むより遥かに勉強になる。

「さあ、どう？　この場合、裁判官は慰謝料を支払えっていう判決まで書けると思う？」

「それは裁判官がそう思ったわけですから。判決に書いていいんじゃないですか」

「ホントに？」

「うーん。そういわれると自信がないです。九年間とはいえ交際していただけの男女間では慰謝料は発生しないってことですか」

「それはそうかもしれないけど。ここでは慰謝料が実体的に発生すると仮定した場合と考えて」

「あくまで手続的な問題ということですか」

「ええ、そうよ」

実体的な問題と手続的な問題

実体的な問題と手続的な問題は、訴訟法を考える際、切り離して考えるクセをつける必要がある。

実体的な問題というのは、いわゆる実体法の問題である。実体法とは、訴訟で審理の対象となっている事実に適用する法律である。民事上の問題であれば、民法や商法がこれにあたる。

これに対して、手続的な問題というのは、いわゆる手続法（訴訟法）の問題である。手続法（訴訟法）とは、訴訟で審理の対象となっている事実に適用される法律ではなく、訴訟そのものの運営・進行に適用される法律である。民事上の問題であれば、まさに民事訴訟法（民訴《みんそ》）がこれにあたる。

仁美が出した質問との関係でいうと、「そもそも玲子が九年間交際してきた男に対して、慰謝料を請求できるか」つまり、「民法上、玲子の男に対する慰謝料請求権が発生しているか」というのが実体上の問題である。

民法上、慰謝料請求権が発生するためには、相手方の不法行為により精神的苦痛を被ったことが必要である。しかし、訴訟をするくらいの人は多かれ少なかれ精神的苦痛を感じている。

したがって、民法上、慰謝料の請求をできるためには、ちょっとやそっとの苦痛では足りない。だから、そもそも、実体法上、玲子が男に対して慰謝料を請求できる場面ではないはずである。祐一はそれが聞きたいのかと思った。

これに対して、仁美はそうした実体上の問題を聞いているのではないと言った。つまり、玲子が男から酷い仕打ちを受けており、民法上当然に慰謝料請求ができる。そういう場合を前提にした上で、「慰謝料請求の訴えを提起していなくても、貸金返還請求訴訟のなかで、手続（訴訟）上、裁判官は玲子に対して慰謝料も払えという判決を書けるのか」という問題を聞いたのだ。


訴訟法の勉強をするときは、こうしたチャンネル分けが必要になる。


実体上の問題と手続上の問題。民法や商法を勉強しているときは、実体上の問題しか扱っていないため、手続（訴訟）上の問題は出てこない。そのため、実体と手続を分けるチャンネルを持たなくても勉強はできる。

しかし、民事訴訟という手続法（訴訟法）を勉強する場合は、もともと実体法（民法や商法）の法律関係が前提としてあり、その上で裁判ではどうか。つまり訴訟法（手続法）上どうかという問題が出てくる。そのため、訴訟法を勉強するときは、実体法上の問題はフィックスされており、問われていない。この点を混同しないことが重要だ。

祐一は勉強ノートにそう綴った。

> 実体上の問題…実体法（民法・商法など）
> 手続上の問題…手続法＝訴訟法（民事訴訟法など）

訴訟法上の大原則

「慰謝料請求が実体上できるのは前提なんですね」

「そうよ」

「そしたら、うーん……。貸金返還請求しかしていないんですから、慰謝料請求を追加するしかないですね」

「どうして？」

「どうしてって、慰謝料請求訴訟を最初からしていなかった以上は請求を追加するより仕方ないんじゃないですか」

「だから、どうして？　慰謝料請求を追加しないとダメなのは正解なんだけど、その理由よ。訴訟法上の大原則が根拠としてあるはずよ」

仁美は、祐一が正解に辿り着くよう上手に誘導した。

「わかりました！　訴えなければ裁判なし」

「そうそう。それを何というの？」

「わかりません」

「どてっ」

仁美は右手に持っていたコーヒーをこぼしそうになった。

「だって、まだ勉強してないですもん。きっと何とか主義だとは思いますけど」

「うーん。佐伯君、民訴の勉強は今いち進んでないようね」

「民法で精一杯ですよ。大学三年生的には」

「じゃあ、今日みっちり教えてあげるから、マスターしちゃいなさい。正解は処分権主義」

「ああ……この前、仁美先生言ってましたね」

処分権主義

「なんだ。佐伯はまだ処分権主義まで手が回ってなかったの？」

同級生の村田が少し驚いた顔をした。

「いやあ、正直、憲民刑《けんみんけい》（憲法・民法・刑法のこと）で手一杯でさあ」

歌えポンポンのバイトに勤しんでいる吉村はポカーンと口を開けたまま、黙って二人の話を聞いている。

「でも、処分権主義は民訴《みんそ》では結構重要な概念だぞ。弁論主義と並んで二本柱といっても良いくらいじゃないか」

「いろいろな主義があるんだね。民訴って、権藤法律事務所がなければホント眠素《みんそ》になりそうだ」

「ははは。抽象的な原理原則だけ見ていると難しそうだけど、具体的に考えるとそうでもなくなってくるよ」

祐一はライバルの村田に先を越されている。

村田が続けた。

「例えば、処分権主義っていうとイメージしにくいけど、要するに、訴訟で自分の権利をどのように主張して紛争を解決するかは自由。つまり訴訟のなかで自分の権利の処分は自由にできるってことさ。当事者に処分権があるってことだと思えばわかりやすいよ」

「村田はすごいな」

村田は続けた。

「具体的には三つの場面で問題になる」

「ケンミンケイ？　ショブンケンシュギ？　法律オタクに磨きがかかってきたな。ココハ、ニッポンデスカ」

吉村が茶化した。

処分権主義の三つの場面

「処分権主義は民事訴訟法二四六条の規定が重要よ。佐伯君、読んでみて」

祐一は六法を捲《めく》った。

「はい。読みます！『裁判所は、当事者が申し立てていない事項について、判決をすることができない。』

……あっ、まさにこれだったんですね」

「そうよ。処分権主義というのは講学上の概念だけど、その根拠はこの二四六条なの」

「二四六条ですね。覚えておきます！」

「この処分権主義には三つの内容があるのよ」

「三つもあるんですか」

「内容は同じだけど、場面ごとに考えると三つになるわ。さあ、わかるかしら」

「えー。まずは、訴えるときがあると思います。訴えなければ裁判なしです」

「おっ、調子が出てきたわね。それから？」

「訴訟の始まりがあれば、終わりがあります」

「ええ、そうね。具体的には？」

「当事者が申し立てていない事項については判決をすることができない。だから、裁判官が判決をする際の審判対象を原告が決められるということじゃないですか」

「おお、そのとおり。訴訟物《そしょうぶつ》を原告が自由に設定できるということね。逆にいえば、玲子さんの例だと、訴えそのものは提起しているけど、審判対象は貸金返還請求しか掲げていないから、裁判官が慰謝料を支払えという判決は書けないことになるわね」

「やっと仁美先生が出した問題の意味がわかりました。処分権主義を知っていれば簡単だったんですね」

「そうよ。しかも、民訴が実体面と手続面を分けて考える必要があるってことも同時に学べたじゃない。一石二鳥ね」

「はい」

祐一は俄然元気になってきた。

「さて、じゃあ処分権主義の現れをもうひとつ挙げてみて」

「は？」

「いや、だから、処分権主義は具体的には三つの場面があると言ったでしょ。一つが訴訟開始の場面、二つめが訴訟物の特定。三つめは何かしら？」

「わかりません」

「どてっ。もう少し考えましょうよ。さっき佐伯君が言ったことがヒントになるわよ。始まりがあれば終わりがあるって……」

発掘されたもの

日曜日の昼下がり。玲子は部屋の整理をしていた。

玲子は、タンスの引出しの中から不要なものを取り出し、ゴミ袋に入れていた。

「あれ？　何かしら」

目に止まった箱を開けてみると、そこには男からもらった手紙が入っていた。

「ああ、昔はこんなのもらったときもあったわね」

男に嫌気がさし、すっかり冷めてしまった今となっては、大恋愛期にもらった手紙など化石のようなものである。

「もう関係ないし、さっさと捨てよう」

玲子は蓋を閉じると、手紙が詰まった箱を引出しからゴミ袋へ移動させた。過去の思い出など確認してみたところで何も始まらない。新しい未来を切り開くためには、過去を捨てることが大事だ。一刻も早く。

「ん？　こんなもの……」

玲子が引出しから箱を取り出すと、その下には玲子と男が並んで映っている写真が出てきた。

「付き合って三年目ころだったかしら……。私ったら何この髪型。ダサ過ぎる」

玲子ははにかんだ。

「これも捨てなきゃ。全部捨てて、綺麗さっぱりだわ」

写真を取ろうと玲子がその端を摘《つま》むと、裏側にボールペンで書かれた文字が見えた。

「あら、私写真の裏に何書いたのかしら。全然記憶にない」

自分の過去なのに、他人の過去を紐解《ひもと》くような気分だ。遺跡を発掘する考古学者のような好奇心が、玲子の心をくすぐった。

和解期日

「原告の主張・立証はだいたい出たようですので、次回は被告が反論してください」

「わかりました」

第二回の口頭弁論期日には、原告側は代理人の仁美と本人である玲子が着席していた。被告側には代理人のみが着席していた。

「ところで、双方和解の意思はないんですか」

「当方としては、和解できるのであれば希望します」

被告代理人が答えた。

「被告は和解を希望すると言っていますが、原告はいかがですか」

裁判官が仁美に訊ねた。

「原告としては十分に三百万円の貸金について立証できていると考えております。ただ、一括で支払うことは厳しいようですから、和解の話をすること自体は可能です」

玲子は三百万円全額の支払いを当然に希望していた。ただ、男に資金がないのは重々承知だったから、分割での返済にするなどの和解を考えても構わないとも言っていた。

「そうですか。では、このあと書記官室でいかがですか」

双方の代理人が了解したため、舞台は法廷から書記官室にある会議室に移行することになった。いわゆる和解期日である。

玲子と仁美は廊下に出た。

「じゃあ、エレベーターで上の階に行きましょう」

「内川先生。彼、今日は来てないんですね」

「あっ、いやすみません。いつも傍聴のご了解をいただきながら。今日は……というか、今日もですよね。でも、前回は法廷が終わった後は来ましたよね。申し訳ございません」

もう、佐伯君。いつも遅刻ね。あなたは！

仁美は、心の中で舌打ちした。

とその時、例によって馴染みの顔が汗だくで登場した。

「すみませんでした！」

「佐伯君！！！」

仁美は顔を真っ赤にさせた。

「先生、そんなことより……」

「また始まったわね。いつもの言い訳が」

「先生、今日こそ、それどころじゃないですよ。いま相手方の代理人の先生が携帯で電話をしているのを見かけたんです」

「今度は裁判官が昔の彼女の叔父だったとでも言うの？　もういい加減にして」

「男は入院してるみたいです」

「えっ？」

「やっぱり。今日は来てないから、どうもおかしいと思っていたんですよ」

玲子が呟いた。

「すみません。来てないって佐伯君のことじゃなくて……」

「私の元彼のことです」

仁美は顔を赤らめた。

和解のメリット

法廷と違い書記官室では裁判官と当事者の距離が近い。

近いだけにとどまらず、壇上から見下ろされることもない。裁判官が黒い法服を纏《まと》っていることもない。普通のスーツを着ている。近くにいるので、法廷のように大きな声を出す必要もない。雰囲気も張りつめていない。和やかなムードが和解期日の特徴である。もちろん、当事者がもめれば決して和やかではなくなるが。

「早速ですが、まず被告から話を聞きましょうか」

和解期日では、双方同席のもとで話を聞く場合もあれば、一方当事者のみから話を聞き、それを裁判官が相手方当事者に伝えるという方法を採ることもある（☆1）。今回は後者のパターンだ。

「同じ裁判官でも、法廷でみるのと、ここでみるのとで雰囲気が随分違いますね」

書記官室から廊下に出ると二人は待合室に入った。

「どうでしたか？　仁美先生。早かったですね」

祐一は待合室で待機していた。法廷で行われる口頭弁論期日と違い、書記官室で行われる和解期日は公開法廷ではないからだ。

「まずは先方から話を聞くみたいよ」

「内川先生、お聞きしてもいいかしら」

玲子が口を開いた。

「ええ、もちろんです」

「裁判の仕組みが、まだよくわかってないのかもしれませんが、判決と和解って何が違うんでしたっけ？」

「判決ですと立証ができた金額全てについて支払えという裁判が言い渡されます。今回でいえば三百万円と遅延損害金ですね。おそらく全部立証できているはずですから、判決になればこれを玲子さんに支払えと」

「じゃあ、判決の方がいいに決まってるわよね。和解は妥協でしょ。妥協する理由ないわ」

玲子は仁美に疑問をぶつけた。

「おっしゃるとおりです。ただ、判決で勝ったとしても、相手が支払う能力がないとなれば絵に描いた餅になってしまうんですよ。改めて費用をかけて執行という手段も法的にはありますけど、財産が相手になければ意味がありません。これに対して和解の場合は、単に金額を妥協する、たとえば『二百万円でもいい』という解決方法だけでなく、支払方法も柔軟に決めることができるので、少しでも払ってもらえる可能性が出てきます」

「分割払いにするとか……ですか」

「ええ。同じ三百万円だとしても、月に五万円ずつ払ってもらうという方法もありますし、それでは少なすぎるとなれば、まず頭金で五十万円は払ってもらう。それを裁判所に持ってきてもらい、現実に受領してから和解調書を作ってもらうという方法などもあります。残額は任意の支払いになりますが、判決で全勝ちなのに支払いはゼロという状態より良くなります」

判決はオール・オア・ナッシング。これに対して和解は柔軟性に富む解決方法である。

「先生、どうぞ」

相手方代理人が待合室に戻ってきた。今度は原告側の番だ。

訴えなければ裁判なし

処分権主義には三つの場面がある。

一つが、訴訟開始の場面。訴えなければ裁判なしというものだ。

二つめが、訴訟物の特定。裁判官が書く判決は当事者が申立てをした事項に限られるというものだ。

例えば、玲子の訴訟で、裁判官が男に五百万円の借金があると考えたとしても、求めている金額が三百万円である以上、五百万円支払えという判決は書けない。

もっとも、百万円は弁済があったなどとして、二百万円のみ支払いを求める判決を書くことはできる。一部認容判決というが、原告が求めた裁判の範囲内なので、これを認めても被告に不意打ちにならないし、原告は求めた額より少なくても、ゼロよりは一部でも認めてもらいたいと考えるだろうから、当事者の意思を尊重する処分権主義の趣旨に反しない。それで一部認容判決も認められるのだ。

さらに、三つめとしては訴訟終了の場面がある。具体的には、①訴えの取下げ、②和解、③請求の放棄・

認諾がある。

訴えの取下げとは、訴訟提起後、やはりやめますといって、原告が訴えを終了させることをいう。最初からその訴えはなかったものとみなされるため、第一審の判決が出た後のような場合を除き、もう一度提訴することもできる。よって、紛争解決基準は示されない訴訟終了形態だ。

和解は、当事者が互いに譲歩して訴訟を終了させるものだ。和解調書が作成され、確定判決と同一の効力が生じるため、紛争解決基準になる。

請求の放棄・認諾は、和解と異なり、一方当事者が全面的に相手方の請求を認めるものだ。請求の放棄なら原告がその請求をすべて放棄する。請求の認諾なら被告が原告の請求を全部認める。訴え取下げと異なり、確定判決と同一の効力が生じるため、後日同じ訴訟の提起はできない。紛争解決基準になる。

上慶大学の図書館で、祐一は黙々と処分権主義の復習をした。

処分権主義の三つの場面
1　訴訟の開始…訴えなければ裁判なし
2　訴訟物の特定…一部認容判決など
3　訴訟の終了　…①訴え取下げ
　　　　　　　　②和解
　　　　　　　　③請求の放棄・認諾

二人の絆

その日、裁判官を通じて男が病気で入院していることが告げられた。九年間交際を続け、結婚を夢見ていた玲子に突然別れを告げられたこと、きちんと返すつもりだった借金を理由に訴えられたこと等から、男はショックを受けたらしい。精神的なものが原因のため、命に別状はないが、今後は医療費も重なることが予想され、とても三百万円の借金を返済する余裕はないという。

玲子は「考えます」とだけ言い残し、裁判所を去った。

好きだからこそ長年交際してきた相手だった。ミュージシャンになれるなんて、元々半信半疑だった。それでも愛する彼を応援した。貸したお金が返ってくることなど、本当は期待していなかった。それなのに、自分が適齢期を過ぎると周囲の目が気になりだした。親にも反対された。

段々そういった圧力に耐えきれなくなり、自分の将来も不安になったため、別れることを決意した。男と縁を切って、新たにパートナーを探すためには、九年も交際した以上、大義名分が欲しかった。それで自分が好きで支援していたはずの金を全て返せという裁判を起こした。

別れ自体は決意したものの、行末については自身でも整理ができていなかった。複雑な想いを錯綜させながらの訴え提起だった。

けれど、訴訟が始まってから、玲子は二人が付き合った年月が自分にとってかけがえのないものだったことに気付かされた。とても輝いた日々だった。

それを教えてくれたのが、偶然見つけた二人の昔の写真だった。

「何があっても二人で幸せになろうね！」

過去の自分が書いたメッセージが、現在の玲子に辛くつきつけられた。

結末

第三回の期日が近づいたころ、権藤法律事務所に玲子から一本の電話があった。

「和解はしません」

「じゃあ、判決ですね?」

「いえ……」

「どうされました?」

「訴えを取り下げます。二人の幸せのために」

☆1　現在あるウェブ会議による和解期日の場合でも、一方当事者に一時的にウェブ会議から退席してもらい、他方の話を聞くといった運用がされている。

第4章 借りてないけど、返した？

あらすじ

この章では、話す内容が次から次へと変わっていく依頼者（上原徳男）に、いつもは冷静な仁美が翻弄されてしまいます。上原は、当初「い、一千万円も、か、借りてないですよ！」と話していたのが、「借りてないんです。…それに返しました」となり、さらには「私が高橋さんから借りたお金は一千万円ではなくて…、ひゃ…、百万円だったんです」と言い出す始末です。

「三度目の聴き取りになるが、未だ真実は見えていない」という厳しい状況の中、弁護士と依頼者との緊張関係が描かれています。

主人公（佐伯祐一）は、困惑と不安から取り乱す仁美を初めて目撃します。他方で、「権藤法律事務所に入って初めて…真剣な表情」を見せるなど、祐一の成長も見られる長編になっています。

◉主題◉

民事訴訟の原則である弁論主義は、非常に重要な概念です。そのため、本小説の中でも最もページ数を割いています。

弁論主義には三つのテーゼがありますが、この各テーゼについて、具体例を通じて理解していただくことを目的としています。

まずは各テーゼの内容を頭に入れていただき、それができたら、訴訟資料と証拠資料の峻別などの各論点についても理解を深めていただきたいと思います。

◉論点◉

・弁論主義と職権主義
・弁論主義の第一テーゼ
・弁論主義の第二テーゼ
・弁論主義の第三テーゼ
・証拠
・要件事実
・裁判上の自白
・釈明権
・形式的真実主義と実体的真実主義

第7話 弁論主義――前編

借りてないのに返した男

「い、一千万円も、か、借りてないですよ！」

権藤法律事務所の応接室に怒鳴り声が響いた。

けれど応接室の中の男は怒っているというより、動揺しているという方が正しかった。

「借りてないんですね」

仁美が男にたずねた。

「い、いや……。か、借りてないわけでは……」

「じゃあ、借りたんですか。訴状に添付されている甲一号証がありますよね」

仁美は手書きで書かれた借用書を示した。

「い、いや……。こ、こ、これはですね！」

男の顔はふたたび紅潮した。

「金一千万円也と書いてありますけど、これは間違いなんですか」

「だ、だから、借りてないんです。い、いっ一千万円も……。そ、それに返しました」

「借りてないのに返したんですか」

仁美は冷静を装った。

「い、いや……そ、その。つまりですね！」

「つまり？」

「と、とにかく騙されてます！　う、内川先生まで、だ、騙されちゃうんですか？」

やれやれ……。仁美は心の中でため息をついた。

動揺

「い、いや……。か、借りてないです！」

男が帰ると電話番をしていた祐一が、男の口真似をした。

「佐伯君のところまで聞こえたんだ」

「大きい声でしたよ。怒鳴るというか悲鳴に近い感じでしたけど。結局どういうことだったんですか」

「貸金返還請求訴訟を提起されたの。貸した金返せってね。借用書の金額欄には一千万円也って書いてあったわ。貸主は知人よ。業者ではなく知人から訴えられたの。だから借用書も手書きよ」

「手書きだと証拠にならないですよね。あやしいし」

「そんなことないわよ。二人の署名《しょめい》と押印《おういん》もあるし、手書きでも立派な証拠」（署名とは、自筆で自分の名前を手書きすることである。これに対して、ワープロで名前を印字することは記名《きめい》という）

「じゃあ負けですか」

「うーん。本人は借りてないし、返したって言ってるわ」

「借りてないのに返した？？　その人おかしくないですか」

祐一は吹き出した。

「こらこら。笑っちゃいけないわよ。いきなり訴訟を起こされて動揺しているのよ、きっと。すぐには私にも言えない事情があるのかもしれないでしょ。今日は訴状が届いてすぐだったから、混乱して頭の中を整理することもできなかったのかもしれないし」

「仁美先生は優しいですね。『い、いや……。やっぱり借りてました。私が悪うござんした』とでもいい出すのが関の山じゃないですか」

「そうかもね。それならそれで仕方ないわ。でも……」

「でも？」

と言うと祐一は嫌な予感を覚えた。仁美が「でも」と言うときは大抵オチが決まっている。

「佐伯君の勉強になるんじゃないかしら」

「やっぱり」

混乱

翌週、権藤法律事務所にその男が再訪した。

「上原さん。状況は整理できましたか」

仁美が聞くと、上原が口を開いた。上原徳男《とくお》は、前回と違い冷静に淡々と喋った。

「は、はい。弁護士の先生ですので正直にお話します。ほ、本当のところ、借りたお金はもう全額返しました。で、ですから……。こ、この裁判はおかしいと思ったんです」

「じゃあ、借用書にあるように、一千万円借りたのは事実なんですね。でも返したと」

仁美が確認した。

「い、いや……。それは違います」

「どう違うんですか」

「ほ、本当のことをいいます。私が高橋さんから借りたお金は一千万円ではなくて……、ひゃ、ひゃ……」

上原はくしゃみでもするかのように目を閉じ、鼻の穴と口を大きく開いた。

「ひゃ……、百万円だったんです」

何を言われるかと構えていた仁美は胸を撫で下ろした。

「あー、そうだったの。それで借りた百万円はすでに返済したと言うのね」

「そ、そうなんです」

「でも、なんで金額欄に一千万円と書いてあった借用書にサインしてしまったのかしら、上原さんは」

「そ、それが、私もよく覚えていませんが、これにサインしたときは百万円と書いてあったはずです。いっ、一千万円だったらサインなんてしませんから」

「じゃあ、あとからゼロを足されたのかしら」

「そ、それはわかりませんが……」

「いずれにしても、上原さんが高橋さんに百万円を返したという証拠はあるんですよね。領収書とか振込を証明するものとか」

訴訟では領収書がなくても、例えば上原が高橋に百万円を振り込んだ証明書や、預金口座の記帳などでも、その原因がほかにあることを相手方が反証できなければ返済の証拠になる。

「そ、それがありません。領収書はもらい忘れちゃいました。て、て……手渡しだったので、証拠は何も残っていないのです」

「それは困りましたね」

「た、高橋さんがこんなことをするとは思ってなかったので、し、信用し切っていました。ほ、本当に信じられないです！」

「やれやれ」

上原はまた怒りを爆発させた。

仁美はうなだれた。

本人訴訟の弊害

「それにしてもひどい訴状だわ」

「どうしたんですか、仁美先生」

「上原さんの事件あるでしょ」

「ええ」

「あの事件って原告側が本人訴訟なのよ」

代理人を立てる場合は弁護士にするのが原則だが、そもそも民事訴訟法上、訴訟をするのに代理人を立てることが義務づけられているわけではない。

そこで、弁護士を立てる費用もない、あるいは一人でも十分訴訟をできると本人が考えた場合、代理人を立てないで訴訟をすることもある。これを本人訴訟という。日本の裁判ではよくあることである。

「訴状には何て書いてあるんですか」

「被告は原告に一千万円を支払う義務があることは両者の合意により明らかというべきである。したがって、被告は原告に対し金一千万円……と遅延損害金を支払えって。それだけよ」

「素人なので仕方ないんじゃないですか。法律的な文書が書けないのは」

祐一は本人訴訟をした原告に少し同情した。

「まあ、それはそうなんだけど。……でも、請求原因がこれだけだと問題があるんじゃないかしら。訴訟法上」

「じ、実体法上の問題ではなくて、そ、訴訟法上の問題ですね」

「なんで佐伯君まで上原さんみたいな口調になってるのよ。でも、そのとおりよ。前回勉強した訴訟法上の問題よ」

「なるほどー」

祐一は唸った。

「何が問題かわかった？」

「なるほどー」

「どてっ。今日は最初から冴えないわね。ヒントは弁論主義の第一テーゼと主張責任よ」

「ぜ、ぜ、全然わかりません」

「佐伯君、もう上原さんの真似はいいから。っていうかそもそも失礼だし。あなたは民訴の勉強はあまり進んでないようね。じゃあ、ここで勉強しちゃいましょう」

仁美の目がいつものように輝き始めた。

「あっ、もう五時ですから。今日は帰ります。お疲れさまでした」

「うーん、また逃げたわね。じゃあ、明後日事務所に来たときね」

弁論主義

「なんだ。佐伯はまだ弁論主義にも手が回ってなかったの」

同級生の村田がいつものように驚いた。

「いやあ、正直……」

「ケンミンケイで手一杯でさあ」

吉村が祐一の真似をして割って入った。

「なんだよ。ケンミンケイの意味わかってるのか、吉村は」

いつもは村田と祐一の法律論を黙って聞いている吉村に早いうちから茶化されて、祐一は少しカッとなった。

「わかってるさ。憲法、民法、刑法。この主要三科目のことだろ。憲民刑《けんみんけい》。旧司法試験だと択一はこの三科目だからね。最初はこの三科目から勉強する人が多い」

「なんで吉村がそんなに詳しいのさ」

仲良し三人組のなかで、唯一司法試験受験の予定がないのが吉村……のはずだった。

「へへん。俺だって少しは勉強したもんね」

祐一は目を丸くした。

「少しはって、なんで吉村が勉強してるの？　必要ないだろ」

村田も驚いた様子で吉村を見た。

「おうおう。成績優秀の村田君まで驚いちゃって。ちなみに弁論主義だって知ってるぜ」

「まじで？」

祐一は動揺した。

「テーゼが三つあるんだろ。第一テーゼ、第二テーゼ、第三テーゼ」

「なんで知ってるんだよ？」

祐一の動揺に拍車がかかった。

「佐伯さあ、なんでそんなに動揺するんだ。さっき民訴の授業で先生が何回も言ってたじゃないか。それだけだよ。内容なんてよく知らない。お前らみたいに法律オタクじゃないからね」

「なんだ。びっくりした」

祐一は胸を撫で下ろした。

「法律事務所のバイトもいいけど、授業中寝ちゃダメなんじゃない、佐伯先生」

吉村はそう言うと、歌えポンポンのバイトに行くからと言いキャンパスを去った。

焦燥

「なんか吉村の方が詳しくってさ」

吉村が披瀝した知識はそれほど大したものではなかった。弁論主義に三つのテーゼがあることも、その日の授業に出席していれば、隣の人と話をしていたとしても、耳に入ってくるようなキーワードだった。

それが祐一は、バイトと勉強の疲れから、熟睡タイムで授業をふいにしていたのだ。

それだけのことだったのに、権藤法律事務所でも最近あまり仁美の質問に答えられないのと、勉強が思うように進まないのとで、祐一には焦燥感が募っていた。

そのタイミングで日ごろ法律の勉強など全く無関心のクラスメイトに言われた一言は、祐一の焦りを増幅させていた。

「でも吉村君だって上慶大学の法学部の学生でしょ。それくらい知っている方がふつうじゃないの」

三谷駅近くの喫茶店で、優美はそう言うと、ローズヒップのハーブティを上品に飲んだ。

「それもそうか」

「そうよ。祐一さ、法律事務所でバイトしていることで、少し優越感に浸ってるところがあったんじゃない？　ロースクールができたとはいえ、司法試験に合格するまでの道のりって大変なんでしょ。旧司法試験なんて物凄い倍率。新聞で見たわ。仁美先生だって、華やかな舞台の裏で相当な努力をされているんじゃないかな。祐一にはがんばって欲しいから言うけど厳しいと思うよ。祐一が目指している道って」(☆1)

「わかってるよ。そんなこと」

祐一は並木道に広がる銀杏を窓越しに眺めた。あたり一面が黄色に染まっている。暖かい季節は終わりを告げようとしていた。寒さ厳しい次の季節が目の前まで訪れていた。

「私は応援してるからね」

「ありがとう。これから寒くなると、ますます寝坊の季節だ。モーニングコールよろしく」

「もう。いい加減に一人で起きてよ」

いつも戯《おど》けている祐一だが、このときは俯《うつむ》き加減にエスプレッソを流し込んだ。

「がんばるさ」

弁論主義の三つのテーゼ

祐一は帰宅すると、彼妻《かれつま》教授の民事訴訟法を開いた。

「弁論主義、弁論主義……と。あっ、あった」

目次で見つけ、そのページをめくった。

祐一は、その日初めて弁論主義の意味を勉強した。

弁論主義とは、裁判の基礎となる事実を確定するために必要な資料の提供を当事者の責任とする建前をいう。

ここにいう資料の提供とは、次の二つを含む。

①事実の主張

②証拠の申出

裁判に必要な①事実や②証拠は当事者自身が自分で収集して、自分で提出しなさい。それができない場合にはできなかった自分の責任だ。そういう意味も含まれている。

それが、主張責任や立証責任にもつながっていく。

その点で弁論主義は民事訴訟を司る非常に重要な概念だ。

この弁論主義は民事訴訟法に直接の明文規定があるわけではない。

しかし、次の二つの規定などがあることから、民事訴訟法は弁論主義を採用していると解されている。このことに争いはない。

民事訴訟法一五九条一項　当事者が口頭弁論において相手方の主張した事実を争うことを明らかにしない場合には、その事実を自白したものとみなす。ただし、弁論の全趣旨により、その事実を争ったものと認めるべきときは、この限りでない。
民事訴訟法一七九条　裁判所において当事者が自白した事実及び顕著な事実は、証明することを要しない。

弁論主義には三つのテーゼがある。テーゼという言葉は難しそうな印象を与えるが、ドイツ語で要するに「原則」という意味だ。だから、弁論主義の三つのテーゼなどというと恰好いい感じがするが、要するに弁論主義の三大原則といいかえられる。

弁論主義が非常に重要な概念である以上、次の三つは順番に覚えるしかない。何度も繰り返して読んで暗記するしかない。テーゼの番号と内容を同時に。法律学も暗記すべきところは暗記をしないと始まらない。ここはそういう部分である。覚えるべきを覚えて初めて応用ができる。

◇弁論主義の三つのテーゼ
（第一テーゼ）　裁判所は、当事者が主張していない事実を判決の基礎にすることはできない。
（第二テーゼ）　裁判所は、当事者間に争いのない事実は、そのまま判決の基礎にしなければならない。
（第三テーゼ）　裁判所は、当事者間に争いのある事実を証拠により認定する場合には、当事者の申し出た証拠によらなければならない。

いずれも主語が裁判所になっている。訴訟法（手続法）上の問題だからだ。最初は理解できないかもしれないが、簡単にまとめれば次のとおりだ。

◇要約した弁論主義のテーゼ
第一テーゼ：主張の問題
　当事者の主張がない事実は判決の基礎にできない。
第二テーゼ：自白の問題
　当事者間に争いのない事実はそのまま判決の基礎にしなければならない。
第三テーゼ：証拠の問題
　当事者が申し出た証拠でなければ事実認定に使えない（職権証拠調べの禁止）

なお、ここで登場する「事実」がどういう事実を指すのかについては学説上争いがある。

三つのテーゼがあることを学ぶと、弁論主義を民事訴訟法が採用しているとされる根拠条文（一五九条一項、一七九条）は第二テーゼのみであるようにもみえる。

この点について、民事訴訟法のテキストを読むと、人事訴訟法の規定も参照されていた。人事訴訟法は、民事裁判の原則を定めた民事訴訟法の「特別法」にあたる。その人事訴訟法で、三つのテーゼの適用が排除されている。ということは、民事訴訟法で弁論主義（三つのテーゼ）が採用されていることが前提になっているというのだ。

条文を引くと、人事訴訟法二〇条前段には「人事訴訟においては、裁判所は、当事者が主張しない事実をしん酌し、かつ、職権で証拠調べをすることができる。」とあった。第一テーゼと第三テーゼの適用が、確かに否定されている。さらに、人事訴訟法一九条一項をみると、「人事訴訟の訴訟手続においては、民事訴訟法……第百五十九条第一項……の規定並びに同法第百七十九条の規定中裁判所において当事者が自白した事実に関する部分は、適用しない。」として、第二テーゼの適用も排除されていた。

祐一は何度も三つのテーゼを読み込み、頭にたたき込んだ。

「よし。これで少しは仁美先生の議論にもついていけるぞ」

意欲

「おはよう。あれ、今日は佐伯君早いね」

権藤がいつもより早く事務所に来ている佐伯に気がついた。

「おはようございます。権藤先生」

祐一は照れくさそうに挨拶した。

「やる気があることはいいことですよ」

権藤は祐一にそう言葉を投げかけると、嬉しそうに執務室に消えた。

「おはようござ……。あれー。佐伯君早いわね。どうしたの？」

「おはようございます。仁美先生。どうしたのって……たまたま目が覚めただけです」

「あやしいわねえ。彼女にふられたの？」

「そんなことないですって！　失礼ですね。彼女は応援してくれるって言ってくれました」

「そんなにムキにならなくてもいいじゃない。冗談よ、冗談。まあいいわ。そうそう。今日は私午前中は来客や法廷もないから、この前の問題やりましょうか」

「はい。よろしくお願いします！」

「どうしたの、本当に。今日の佐伯君ったら気合い入りまくりね。地震でも起きそうだわ。早めに帰ろうかしら」

「ともかくやりましょう」

「わかったわ」

仁美は微笑みながら自分のデスクに向かい、身支度を整えると祐一のデスクに戻ってきた。

「じゃあ、この前の問題、わかった?」

「もちろんです。原告は、訴状の請求原因で、『被告は原告に一千万円を支払う義務があることは両者の合意により明らかというべきである』という主張をするだけです。しかし……」

祐一が淀みなく回答を始めると、仁美がすぐに遮った。

「ちょっと待って」

「なんですか」

「佐伯君、熱でもあるんじゃないかしら」

「ないですって。真面目に聞いて下さい」

「わかったわ」

仁美は祐一の変貌に圧倒された。それは、祐一が権藤法律事務所に入って初めて見せた真剣な表情だった。

訴訟資料と証拠資料

「いいわよ、続けて」

「続けます。原告は、訴状の請求原因で、『被告は原告に一千万円を支払う義務があることは両者の合意により明らかというべきである』という主張をするだけです。しかし、原告は被告に対し消費貸借契約に基づいて一千万円の返還を求めている以上、その要件事実を主張・立証しなければなりません」

「そうね」

「そして、その要件事実は次のとおりです。
①原告と被告との間に一千万円を返還する合意があったこと（返還の約束）
②原告が被告に対してこの合意に基づいて一千万円を交付したこと（金銭の授受）
この二つの事実を原告としては、最低限主張・立証する必要があります」

「正確にいえば、その二つに加えて、履行期の合意とその到来または催告をしたことと相当期間の経過も必要にはなるのだけど」

「そうでした。しかし、原告は一千万円を支払う合意があったと主張しているだけなので、これを①の主張とみることができたとしても、一千万円を交付したという②の事実をまったく主張していません」

「そうね。そうなると……」

「仁美先生。ちょっと黙っていていただけませんか」

「なによ。急に深刻な顔しちゃって。もう。はいはい、どうぞお話し下さい」

「そうしますと、消費貸借契約に基づく貸金返還請求権の発生という法律効果に直接必要な事実のひとつが主張されていないことになり、弁論主義の第一テーゼにより、この②の事実を裁判所は判決の基礎にできないことになります。そうしますと、原告の主張を認めるために不可欠の要件の一つを裁判所が認めることができなくなるため、このままでは原告の請求は棄却されることになります」

「勉強したわね。そのとおりよ。なんだか見違えちゃった」

仁美は感心した。

「でもね、佐伯君。一千万円の交付という要件事実の主張がないとしても、甲一号証で借用書が出ているじゃない。これは原告が提出したのよ。この借用書をみれば一千万円の交付の事実も主張として含まれているといえないかしら」

「借用書には何て書いてあるんですか」

「『平成十六年十月十八日、甲は乙に対し、下記金員を返還することを約して、これを貸し付けた』とあるわ。『貸し付けた』ということは、交付したということでしょ」

「そうですか。それは知りませんでした」

「ええ、それはしょうがないわ。私も証拠まで見せてるわけじゃないから」

「そうなりますと……」

「そうなりますと？」

「わかりません」

「どてっ、始まったわね、佐伯君の得意技が。後半になるといつもダメねえ。でも、今日はよく頑張ったわ」

「す、す、すみません」

「上原さんの真似しなくていいから」

仁美が吹き出すと、祐一の顔にも笑みが漏れた。

「これはね。訴訟資料と証拠資料の峻別っていう問題になるの」

「なんですか。それ？」

「つまりね、主張レベルの問題と立証レベルの問題は分ける必要があるのよ。弁論主義のテーゼでいうと第一テーゼは主張の問題でしょ。そこに借用書という立証レベルの話を持ち出しちゃいけないの。『証拠資料で訴訟資料を補うことはできない』などともいうわ」

◇訴訟資料と証拠資料の峻別
訴訟資料（主張レベル）　なし
証拠資料（立証レベル）　あり（借用書）
↓一千万円の交付という要件事実について、証拠資料があり立証レベルが満たされていたとしても、その事実の主張がない以上は判決の基礎にできない。弁論主義第一テーゼは、あくまで訴訟資料（主張レベル）の問題だからである。

祐一は独学では得られない学習もでき、心地よい充実感を覚えた。

第8話　弁論主義──中編①

聴取

権藤法律事務所の応接室で、仁美は依頼者の上原と向き合っていた。これが三度目の聴き取りになるが、未だ真実は見えていない。

上原の性格としゃべり方も原因の一つだが、それだけでない何かがある。仁美の直感の声はそう囁《ささや》いていた。

そんなときは、腰を据えて辛抱強く話を聞くしかない。弁護士業の醍醐味といえば醍醐味といえる。

時刻は午後八時を過ぎていた。

「ひゃ、ひゃ、百万円は返しました。でも、い、い、一千万円も借りていないです」

「原告の高橋さんは、一千万円貸したのに返金がないから返せという請求をしているけど、上原さんが借りたのは百万円だった。しかも、その百万円は返したっていうことですね?」

「そ、そ、そうだと思います」

「思いますって、上原さん、あなたご自身のことでしょう、思い出して下さい」

仁美は焦る気持ちを抑え、優しくたずねた。

「い、い、一千万円を借りていないことは確かです。ひゃ、ひゃ、百万円は……高橋さんから受け取りました」

「ええ。受け取ったというか借りたっておっしゃっていましたよね、先日は。それで、この甲一号証の借用書に『金百万円也』の状態でサインをしたんですよね」

「それも違います」

「違うって、この前はそうおっしゃったわよね」

「は、はい。この前はそういいました」

「じゃあ、この前の話は真実じゃなかったのかしら」

「じ、じ、事実は概ねそうなんですけど……」

取り乱す仁美

「参ったわ。これほどやりにくい依頼者は久しぶり。話しが行ったり来たりで、本当のところが見えてこないのよね。でも、まあいいか。もう少しねばって聴き取りをする必要はあるけど、最後は民事訴訟なんて形式的真実主義だって教科書にも書いてあるくらいだから」

仁美は上原を見送った後、デスクに座ると呟いた。

「しょせん、裁判なんてゲームみたいなものだし。でも、少なくとも私は真実を知りたいのよね。よし、もう少し頑張ってみよう」

「コンコン」

「コンコン？..？　私疲れてるのかしら。最近寝不足気味だし。遂に狐に化かされたのね。もう帰って寝ようかな」

「コンコン」

「いっそ狐の顔でも拝めば事態が打開するかも。どうも初めまして、狐さん」

仁美が後ろを振り向くと、お茶を持った祐一が立っていた。

「あ……、あら、佐伯君だったのね」

「先生。もう帰った方がいいんじゃないですか。独りごと言うなんて先生らしくないし、コンコンって後ろからノックの音を言った私を狐と間違えるなんて相当やられていますよ。やはりあのお客さん少し変なんじゃないですか。いっそ辞任した方がいいんじゃないでしょうか」

「辞任？　まあ、本当に信頼関係が築けないときは最後にはそういう手もあるけどね。佐伯君こそ、なんでこんな夜遅くまで残ってるのよ。佐伯君は五時になるといつもデートだって言って帰るじゃない」

「デートだなんて言ってないですよ。デートじゃないかって仁美先生が勝手に推測しているだけですよ」

「じゃあ、先週の水曜日、事務所終わった後三谷駅の喫茶店で楽しそうに話をしていた女性は誰かしら」

「優美ですよ。それは」

「あら、優美だって。彼女優美さんっていうんだ。やっぱりデートじゃない」

「まあ、それはそうですけど。……っていうかなんで知ってるんですか。ストーカー規制法で罰せられますよ」

「恋愛感情はないので罰せられません。これっぽっちも大学生のお子ちゃまには興味ないですから」

「そうですか。失礼しました。そろそろ帰ります。もう遅いですから」

「そうよ。だいたいね、独りごと珍しいって言うけど、夜はいつも一人で仕事だから独りごと言いまくりなの、今日に限らず」

午後五時には事務所を去るアルバイトの祐一が、午後八時過ぎに事務所に残っているのは珍しいことだったし、その時間に仁美と祐一が会話をするのは滅多にないことだった。そして、仁美が取り乱している様子は、祐一にとって初めて見た光景だった。

形式的真実主義

上慶大学のキャンパスから歩いて五分ほどのところにある小さな喫茶店は、祐一と優美のほか多くの学生で賑わっていた。

「で、私たち見られてたんだ」

優美は口を開けて笑った。

「笑いごとじゃないよ」

「なんで？　別に悪いことしてるわけじゃないし、いいじゃない」

「まあ、そうだけど、とにかく、仁美先生が珍しく困惑している事件なんだ。形式的真実主義か……」

祐一は仁美が吐いた言葉を思い出した。

「なにそれ。形式的真実主義って？　いかにも法律用語って感じだけど」

「うん。形式的真実主義ってのは、民事訴訟法が前提とする現実なんだ。要するに、民事訴訟の判決は、弁論主義などといったルールがあるなかで得られる結論にすぎず、本当の真実がどうだったかは知りませんってこと」

「随分冷めた世界なのね」

「民事訴訟はあくまで当事者間の権利関係を裁くものだから。それほど公益性がないんだ」

「殺人事件とかはどうなるの？　その弁論主義とかでやるんじゃないわよね」

「殺人事件も遺族の損害賠償請求だったら民事事件だから弁論主義でいくよ。だから形式的真実主義。でも、被告人が有罪かどうか判断する刑事事件は、刑事訴訟法という別の手続法で設営されている。こちらは、実体的真実主義が目的だったはず」

「実体的真実主義？」

「要するに形式的なルール上導かれる結論じゃなくて、真実の犯人は誰だったかを探求しましょうという原則だよ」

「民事と刑事は違うところがあるのね」

すっかり成長した祐一と議論をして、優美は少し誇らしげに周りを見渡し、アールグレイの入ったティーカップに口づけをした。

民訴と刑訴の違い

「形式的真実主義と実体的真実主義か」

翌日、祐一はクラスメイトの村田と吉村に話をした。

上慶大学のキャンパスの中庭は、冬の乾いた空気と少しだけ強く照りつける昼下がりの太陽が、ダウンジャケットを着た三人の学生を包み込んでいた。

「知ってるよ。刑訴《けいそ》は実体的真実主義をとっているけど、民訴は形式的真実主義なんだ」

吉村が流麗に答えた。

「お前もしかして司法試験受ける気になったとか？　最近随分勉強しているようだけど」

祐一は、その日はもう動揺などせず端的に聞いた。

「お前らみたいに法律オタクになるつもりはありましぇーん。後期試験に向けて勉強してるだけ」

司法試験ばかりに目が向いていた祐一は、目の前にある大学の学部の期末試験にはあまり関心がなかった。もうそんな時期だった。

「でも形式的真実主義って具体的にはどういう場面をいうのかな」

祐一が疑問をぶつけると、司法試験の勉強が進んでいる村田が颯爽と答えた。

「要するにあれだよ。例えばさ、AさんがBさんに、金銭消費貸借契約に基づいて一千万円返せって訴訟したとするよ」

そういう事件が現にある。祐一はそう思った。村田はそのまま続けた。

「そのとき、Bさんは実は一円たりとも借りていないとする。でも、裁判所の外でBさんはAさんに脅されたんだ。一千万円借りたって言えって。そうしたら、お前が会社で横領していた事実は黙っててやるって」

「なんだよ。どっちも悪人か」

吉村が突っ込みを入れた。

「それでBさんは民事訴訟の口頭弁論期日でこう陳述した。確かに一千万円を借りた」

「請求の認諾だね」

祐一は即座に答えた。

「まあそうなるかな。ん？　とも思えるけど、よく考えると、これは貸金返還請求が認められるための要件を充足する主要事実を認めるものだから、裁判上の自白になりそうだな」

「確かに、そうだね」

「だとすると、いまの例は訂正して被告であるBさんが、原告の一千万円支払えという請求を認める旨の陳述をしたとする。請求の認諾だ。この場合、もし実体的真実主義だったら、Bさんが借りたと言ったとしても、本当にそうなのか裁判所は調べなければいけない。そして、調べたところ借りていないとわかったら請求を棄却する必要がある」

「いや、請求の認諾だからそれで訴訟終了だよ。Bさんが認めた以上はそれで終わり」

祐一が反論した。

「だから、それは民訴が形式的真実主義をとってるからなんだよ。実体的真実主義をとっていたら請求の認諾なんて制度は作れない。刑事訴訟法はどうなってる？」

村田は、訴訟法の横断的理解を持っている。

「刑訴は実体的真実主義だからね」

祐一はごまかした。優美の前では堂々と話をした祐一も、実は刑訴の勉強はほとんど進んでいなかった。

「刑訴では、検察官が起訴するからいわば民訴でいう原告になる。そうすると被告人が民訴でいう被告だ。このとき、民訴みたいに請求の認諾が認められていたとしたらどうなる？　要するに被告人が自白した場合だよ」

「補強法則だ」

祐一が答えに窮していると、吉村が答えた。

「そう、正解。それが実体的真実主義だよ」

「えっ？　よくわからないんだけど」

「なんだ、法律オタクのくせに。わからないの？」

吉村が祐一をからかった。

「補強法則はつまり、被告人が起訴された罪を認める自白をしていたとしても、それだけでは有罪にできず、これを補強する最低限の証拠がなお必要だっていうものだよ。民訴でいう請求の認諾は認められないんだ。実体的真実主義だとこうなる」

「お、お前ら……」

「なんだよ」

村田と吉村は、口を揃えて祐一の顔を覗き込んだ。

「法律オタクだな」

いつもは吉村が言うセリフを祐一が吐くと、三人は同時に笑った。勉強不足を痛感したが、むしろこの場で勉強できたことが祐一は嬉しかった。

「あ、もう三限が始まる。じゃあまた」

チャイムがなると、三人はそれぞれの場所に散った。

実体的真実主義

実体的真実主義だとそうなるのか。民訴が形式的真実主義だということとは、逆の概念をとっている刑訴と比較するとわかる。

しかも、具体的場面を想定すると理解が早い。村田と吉村と議論すると鍛えられる。

仁美先生のような弁護士じゃなくても、学生同士の議論も重要かもしれない。

仁美のことを思い浮かべた祐一は、前日仁美が悩んでいた上原の事件を思い出した。

形式的真実主義だと、「借りた」と言えば借りたことになるんだよな。

ところで、上原さんは一千万円は借りてないみたいだけど、百万円は借りたと言ってたから、その旨陳述すれば、形式的真実主義の民訴の下では百万円の請求は認容される。

いや違う。百万円は借りたけど返したんだ。借りた百万円は返した以上、請求棄却か。

でも、百万円を返済したという証拠がないらしいからなあ。

あれ？　ところで、そもそも高橋さんから上原さんが百万円を借りたっていう証拠はあったっけ？

一千万円の借用書はあったけど、金銭の授受については「貸し付けた」という文言が借用書にあっただけだ。領収書や銀行の入金などの、きちんとした証拠はなかったはずだ。

上慶大学のメインストリートを歩きながら、祐一は頭の中で黙々と議論をした。

主張責任

翌日、権藤法律事務所に出勤すると、祐一は一目散に仁美を探した。

「仁美先生。上原さんって百万円、本当に借りたんですかね？」

「佐伯君、朝から気合い入ってるわね。その件のこと今思い出したくなかったんだけど。でも、そんなことも言ってられないわね。まあいいわ」

仁美は苦笑しながら話を続けた。

「上原さんね。百万円を受け取ったとは言ってるけど、借りたのかどうかはよくわからないのよ。でも借用書はあるし。ただ一千万円だけどね。どちらの言い分が正しいのかわからないわ。何かまだ私に隠していることがあるかもしれないし」

「そうですか。横領の口止め料だったりして」

「え？」

「冗談ですよ」

「ところで、佐伯君。弁論主義の続きをしましょうか」

「望むところです」

「積極的になってきたわね。まずこの前のおさらいから始めましょう。弁論主義の第一テーゼよ」

「裁判所は、当事者が主張していない事実を判決の基礎にしてはいけない」

祐一は暗唱した弁論主義の第一テーゼを声に出した。

「おっ、いいわね。その第一テーゼだけど、金銭授受について、証拠として提出した借用書に『貸し付けた』という記載があっても、主張がない以上は請求棄却になるって話」

「訴訟資料と証拠資料の峻別ですね」

祐一は前回の議論を復習していたので、瞬時に答えた。

「そう。訴訟資料と証拠資料の峻別は実際の訴訟では、弁護士が代理人であれば主張を落とすなんてありえない話だけど、今回みたいに本人訴訟の場合はあるわよね。でも、本人訴訟の場合、現実には裁判長が釈明権を行使して足りない事実の主張を促すのが普通よ」

釈明権とは、裁判長が、口頭弁論の期日又は期日外において、訴訟関係を明瞭にするため、事実上及び法律上の事項に関し、当事者に対して問いを発し、又は立証を促すことができる権利のことをいう。

「そうなんですか。じゃあ弁論主義も、あまり意味がないじゃないですか」

「まあ、このケースだと結果的にはそうなるけど。でも、こちらとしてはあえて釈明権を行使して欲しいとは思わないわ。ただ、いくらなんでも、借用書に一千万円貸し付けたと書いてあってそれを証拠で出しているのに、訴訟法のルールを知らずに『金銭授受』という要件事実の主張を落としただけで、請求棄却というのはいくらなんでも可哀想よね」

「ええ、そう思います」

「だからこの場面について考えれば、理論上は弁論主義の第一テーゼから、原告の高橋さんが金銭授受の事実を主張しない以上は請求棄却になるけど、実際には裁判長の釈明権の行使によって救われることになるはずよ」

「なーんだ。そうなんですね。裁判実務は理論だけの世界じゃないんですね」

「もちろん。ただ、理論的にも説明できるわよ。釈明権は『弁論主義の補完』といわれているの。要するに弁論主義は全て当事者に主張も立証も任せて、それができないときは不利益を負わせる制度よね。あっ、ちなみにこういうの、なんていうかわかる?」

「わかりません」

「どてっ。佐伯君やっぱり後半はダメね。主張すべき当事者がそれをしないことで負う不利益を『主張責任』というわ。原告の高橋さんが仮に釈明を求められても『金銭授受の主張はしない!』といい張った場合は請求が棄却されるけど、この不利益を『主張責任』というのよ。立証ができない場合は……」

「立証責任です」

「そうね。証明責任ともいうけど、とりあえず今はどちらで覚えてもいいわ」

主張共通の原則

「仁美先生、質問があります」

「後半なのに今日は積極的ね。どうぞ、いいわよ」

「上原さんの事件で、もし上原さんの側で『百万円は受け取った』と陳述した場合はどうなるんですか。現に上原さんは百万円は受け取ったと言っているみたいですし。この場合、原告の高橋さんが主張していない以上、やっぱり百万円の金銭授受の事実は判決の基礎にできないんですか」

「いい質問ね。主張責任を負っていない反対当事者が主張をしているケースね。民訴の教科書にも出ているわよ」

「そうなんですか。思いつきでしたので答えはわかりません」

「うーん。法律の勉強は教科書を読むより、こうやって自分の頭で考えて問題提起していった方が実力がつくわよ。その集大成が教科書だと思った方がいいわ。せっかくだから、考えてみましょう」

法律学は議論の学問である。祐一は、仁美やクラスメイトの村田、吉村との議論を通じてだんだんと自分で問題提起できるようになってきた。あとは自分で答えまで考える思考体系を身につけて欲しい。仁美はそう願っている。いわゆるリーガルマインドだ。

「主張責任を負う原告が主張していないですからねえ」

「そうも考えられるわよね。でも、弁論主義の第一テーゼはどうなってた？」

「どうなってたって、裁判所は当事者の主張していない事実を判決の基礎にしてはいけない。それだけですけど」

「誰が主張していない事実ですって？」

「当事者です。あっ」

「そう。主張責任を負う当事者とは言ってないわよね」

「そうか。弁論主義は当事者に全てやらせる建前だから、主張責任を負っていなくても、当事者が主張している以上は判決の基礎にできるんですね」

「そうよ。これを『主張共通の原則』っていうの。ちなみに、自己に不利益な事実の陳述にもなるから、これは被告である上原さんが自白したことにもなるわね。裁判上の自白は弁論主義の第二テーゼなので次回またやるけど、それとも関連して、『先行自白』ともいわれてるのよ」

弁論主義は奥が深い。

弁論主義が民訴の根幹といわれている意味を、祐一は少しずつ実感し始めた。

第9話　弁論主義──中編②

具体例と反対概念

学部の期末試験が近づいている。上慶大学のキャンパスは、収容オーバーではないかというほど多くの学生が行き交っている。

心配することはない。学生が溢れかえるのは一年に三度だけだ。四月の入学式と七月、一月にある学部の期末試験のとき。

キャンパス内にあるカフェテリアもご多分に漏れず大賑わいだった。

「民訴の試験は弁論主義が出るらしいぜ」

ふだんはサークルとバイトに明け暮れている吉村は、試験情報には異様に詳しい。知識より人脈で生きるタイプだ。けれど、社会で生き抜いていくためには吉村タイプの方が都合が良いのかも知れない。

祐一はそんなことを考えていると、吉村のいうヤマが本当に当たるような気がしてきた。

「弁論主義は民訴の根幹をなす原理・原則だからね。バイト先の法律事務所にいる弁護士からもそう教わった」

祐一は心の中とは裏腹にクールに答えた。

「じゃあ、民訴は弁論主義で決まりだね。さて、次は債権総論……」

「吉村は気楽でいいな」

「うん。それでいて、だいたいヤマが的中するから、学部試験もAだったりする」

司法試験組の村田も祐一に賛同した。

「いいじゃないか。それも実力のうちさ。ところでさ、弁論主義って、なんで民訴でそんなに重要なのかな。ひとことでいうとどうなる?」

吉村は要領よく試験のポイントを引き出そうとする。

「ひとことでって、それは難しいけど」

祐一は知識の出し惜しみをしたい気持ちと、そもそも本質的な理解までできている自信がない不安をかき混ぜて、「難しい」という言葉で表現した。

「要するに、当事者が主張と立証を主体的にするってことじゃないか」

村田は、そうまとめるとさらに続けた。

「ある概念を理解するためには、二つのアプローチが効果的だと思っている。ひとつは具体例。もうひとつが反対概念」

具体例と反対概念。なるほどと祐一は感心したが、前からそう思っていたかのように同調した。

「村田のいうとおりだね。具体例と反対概念。弁論主義もこの二つのアプローチで切ってしまえば、楽々理解できる」

「そ、そうか。なんか村田も佐伯も風格が出てきたな。だんだん雲の上のような存在になってきた気がするよ」

吉村は尊敬の眼差しで二人を見た。

「で、その具体例と反対概念ってのは？」

「具体例は弁論主義の三つのテーゼでよく出てくる具体例を考えればいいじゃないか。反対概念は……」

そういって祐一は言葉を詰まらせた。弁論主義がどういう理論で具体的にどういう場面で問題になるかは、権藤法律事務所でも勉強していたが、反対概念まで考えたことはなかった。

「弁論主義の反対概念は職権主義だ」

暗黙のうちにバトンタッチをした村田が、反対概念を教えてくれた。

「へぇ。やっぱりお前ら法律オタクだな」

吉村がいつものように戯《おど》けた。

答弁書

「そろそろ答弁書の締め切りも迫ってきましたし、認否《にんぴ》を確定させないとなりません」

権藤法律事務所の応接室。仁美がクライアントの上原に説明している。仁美は上原の事件では苦戦を強いられている。

「と、と、答弁書っていうのはなんですか」

「上原さん、今回高橋さんという原告から訴えられましたよね。一千万円返せって。訴え提起は訴状で行われますが、この訴状には請求の原因という欄があるんです」

「せ、せ、せい……」

まどろっこしいので仁美は話を続けた。

「請求の原因というのは、民事訴訟を提起した理由のことです。本件では貸金返還請求をしていますけど、この請求の原因に書かれている事実が正しいかどうか、提訴された被告の側で回答するんです」

「ど、ど、どうやって回答するんですか」

「答弁書という書面を提出します。そのなかで、訴状の請求原因として書かれている事実一つひとつについて、三とおりの方法で認否をするんです。具体的には、正しいなら『認める』、間違っているなら『否認《ひにん》する』、知らないのであれば『不知《ふち》』という風に回答します」

「じゃ、じゃあ全部フチです。わ、わ、私は今回のことについて……な、な、何も知りませんから」

仁美は困惑した。

上原は当初はこういっていた。

「一千万円も借りていない。借りたのは百万円である。でも百万円は返した」

ところが、次に聴取りをしたときはこう答えた。

「一千万円は借りていない。それは確かである。しかし、百万円も借りたわけではない。そして、原告である高橋から百万円を受け取ったが、すでに全額を返した」

そして、遂に今回はこういった。

「私は何も知らない」

何か隠している。何か事情がある。そして仁美に話したくない。それはわかる。わかるが仁美は上原の代理人だ。被告代理人として上原の訴訟活動を追行していくためには、裁判所で陳述するかは別として、まずは真実を話してくれないことには前に進めない。

「上原さん！！」

仁美は強い口調でそういうと、無言で上原を凝視した。

「せ、せ、先生。わ、わかりましたよ。すみません。今のは冗談です。答弁書の認否はこうしてください。一千万円を借りたことについては、ヒ、ヒ」

「否認ですね」

「はい。そ、それから、ひゃ、ひゃ、百万円については借りたけど返しました」

最初に戻ったわ。やれやれという表情で、仁美はノートにいわれたとおり書き取った。

供述の信用性

「ああ。ホントまいったわ。話が行ったりきたり。供述の変遷《へんせん》が甚だしいし、変遷に合理的な理由なんてありゃしない。証人尋問でなされた供述だったら信用性なしだわ。信用性なしの供述を毎度聞きながら代理人をするってかなり辛いわよね。頭を整理してまとめよう。まず、一千万円については最初からずっと否認しているから、これは借りてない。問題は百万円。百万円を原告から受け取ったこと、これを返したことについても、『全部フチです』とかいう冗談を除き一貫しているから、そのとおりでいいわね。でも、百万円を受け取ったといっても、最初は借りたといい、途中から受け取ったけど借りていないといい出した。困ったわ。ああ困った」

「また独り言タイムですか」

「あら、佐伯君。今日も夜遅くまでいるのね」

「まだ五時ですよ、仁美先生」

仁美は時計に目をやると顔を赤らめた。

「ず、随分日の入りが早くなったわねえ。し、仕事に熱中していると時間感覚がなくなるときがあるのよ」

「上原さんの事件ですか」

「ええ、そうよ」

「上原さんの事件ですけど、私とっておきの情報をつかみましたよ」

祐一の情報はいつも大した情報ではない。仁美はそれを知っていたが、藁にもすがる想いだった。

「えっ、何かいい情報があるの？」

「ええ」

「な、なに？」

「先生……いつの間にか上原さんの口癖が移っています」

「どてっ。佐伯君！！」

「すみません。冗談ですよ。実は……」

「冗談は上原さんから聞いたからもう十分。で、『実は……』どうしたの？」

目撃情報

祐一は見聞した事実を仁美に話した。

「前に上原さんが夜遅くまで事務所にいた日ありましたよね。仁美先生が独りごと言っているのを、私が初めて目撃した日です。あの日の帰り道、駅前の喫茶店に立ち寄ったんです。喫茶店でひとりで民訴の勉強をしていると、どこかで聞いたことがあるどもり声が耳に入ってきました。直接会ったことはないけれどどこかで何度か聞いたことがある声。それが上原さんの声だとしばらくして私は気づきました。時間的にも事務所に相談にみえて三十分後くらいでしたし、なによりどもり声です。決定的だったのは百万円について携帯電話で誰かと話をしていたところです。上原さんと思われるその男性は、電話の相手にこう話していました。

『ひゃ、ひゃ、百万円のことを、さ、さ、裁判で話してくれませんか。た、高橋さんとも、もう切れたんだから問題ないじゃないですか。わ、私が、あの日、マ、マ、マユミさんにお渡ししようとした百万円のことを……』」

事案の真相

翌日、権藤法律事務所に上原が突然やって来た。真弓という女性を連れて。

「どうされましたか、上原さん。今日は突然」

「せ、先生、真実を話します」

上原はそういうと、堰《せき》を切ったように話し始めた。

「じ、実は、百万円は高橋が以前交際していた女性の手切れ金だったんです。学生時代から高橋と付き合いのある私は二人と何度か食事に行ったこともあり、その女性とも顔なじみでした。事情は知りませんがもう交際はできないということで、高橋からその女性に手切れ金を渡すよう頼まれたんです。そ、それが百万円でした。私はその女性が、そんなお金を受け取らないことは知っていましたので、彼女はきっと受け取らないよと高橋にいいました。けれど、高橋は父親からその女性と縁を切ることを命令されていたようで、手切れ金を渡したことを証明しないといけないと強くいうんです。それで、私は嫌な役まわりでしたが、高橋から百万円の入った封筒を受け取りました」

「それが百万円を受け取った理由なんですね」

仁美がそうたずねると、上原と真弓は黙って頷いた。間髪入れずに上原が続けた。

「私は喫茶店にその女性を呼びつけ、事情を話しました。そして百万円の入った封筒を差し出しました。で、でもやはり断られました。『別れるのは仕方ない。でも、お金は受け取れません』と。それで、私は、すぐ高橋に預かっていた百万円を返したんです」

「それが百万円は受け取ったけど、返した。でも百万円は借りていないという理由なんですね」

ようやく話をしてくれた依頼者に仁美は安堵した。


しかし疑問はまだ残る。なぜ、一千万円の借用書にサインをしたのか。

「前にお話したとおり、借用書には百万円と書いてありました。それから、借用書と書いてあったかは覚えがありません。私は高橋からこういわれてサインをしたんです。『百万円を真弓に渡した証拠まで親父に求められている。受け取ってくれないなら仕方ないが、とりあえずお前が百万円を預かったことだけでもサインしておいてくれないか。ちょうど真弓の苗字は、お前と同じ上原だから、真弓の兄か誰かが受け取ったように見える』と。私は高橋とは長い付き合いでしたが、父親とは一度も会ったことがありません。私の名前をみても息子の友達とはわからないことは確かでした」

上原はいつの間にかどもりも少なくなっていた。緊張したり不安になったりするとどもりが出るのかもしれない。

真弓が証人になってくれる。その確約がとれて上原も安心したのかもしれない。

弁論主義の第二テーゼ

「仁美先生。今日は何だか晴れやかな顔していますね。ところで、弁論主義の反対概念ってご存じですか？」

祐一はクラスメイトと議論した話題を、法律の専門家である仁美にぶつけてみた。

「職権主義でしょ」

「あっ、さすが」

「何よそのリアクション。私が知らないとでも思った？」

「はい。そう思ったりして」

「まだまだ甘いわねえ、佐伯君も。これでも司法試験通ってますからね」

「そうでした」

「そうでしたって何だか最近ことごとく食ってかかるわね。まあいいわ。で、職権主義になるとどうなるかわかった？」

「村田がいったんです。ある概念を理解するためには、二つのアプローチがある。具体例の理解と反対概念の理解だって」

「ムラタって誰よ」

「あっ私の大学のクラスメイトです。司法試験の勉強をしています。今度連れてきましょうか」

「別に連れてこなくてもいいから。ここ職場よ。でも、その子いいこというじゃない。私もそう思うわ」

「私もそう思います」

「……で、職権主義だとどうなるかわかった?」

「わかりません」

「どてっ。あいかわらず後半はダメね。そのムラタくんがいう二つのアプローチを同時にしてみるのよ」

「同時に?」

「そう同時に。つまり反対概念を具体的に理解すればいいわけ」

「ああ、なるほど」

「じゃあ、いってみよう」

仁美は上原の事件に解決の糸口が見え、にわかに元気を取り戻していた。

「まずは第一テーゼ。裁判所は当事者の主張していない事実を判決の基礎にしてはならない。職権主義だとどうなるかしら」

「反対になるので、裁判所は当事者が主張していない事実でも判決の基礎にできます」

「そうね、じゃあ次。第二テーゼ。裁判所は当事者に争いのない事実はそのまま判決の基礎にしなければならない。職権主義だとどうなる?」

「反対ですから、裁判所は当事者に争いがなくても自ら職権で調べてそれが真実かどうか判断することになります。あっ、民訴では無条件で請求の認諾が認められているのに、刑訴では自白だけでは有罪にできないという補強法則が採用されている点と似ていますね」

「そうよ。いい視点じゃない。じゃあ最後。第三テーゼ。裁判所は当事者が収集・提出した証拠以外の証拠を判決の基礎にしてはならない。これは職権主義だとどうかしら」

「反対なので、裁判所は当事者が収集・提出した証拠でなくても、自ら証拠を収集してその証拠を判決の基礎にできます。職権証拠調べです」

「この三つのテーゼで考えてみると、少しはわかったんじゃない？　弁論主義と職権主義の違いが。職権主義は職権という言葉があるように裁判所が主体的にやっていくの。だから、たとえば上原さんの事件で、こちらが一千万円借りたっていう虚偽の自白をした場合、弁論主義なら『はいそのとおり』だけど、職権主義なら本当に借りたかどうか調べる必要があるし、それを調べていく作業も当事者が主張した事実や証拠に拘束されないのよ。そうするとどうなるかしら？」

「代理人がいらないような気もします。それに裁判所の負担がかなり増えると思います」

「そうね。それからこうも考えられない？　上原さんの事件で、原告・被告の両当事者がともに一千万円を借りたことについて争っていないのに、裁判所が判決で実は借りていないって判断したら」

「不意をつかれた感じがします」

「そう。そのとおり。つまりね、弁論主義は当事者に主張や証拠の提出を任せることで、主張や証拠提出を怠った場合にその責任を当事者の負担にさせるという面もあるけど、裁判所が争点になっていないことを認定したりできないという点では、当事者に対する不意打ち防止機能もあるわけ」

弁論主義は、要するに当事者主義だ。当事者が主張・立証を行う。なければないものとして裁判を進める。それ以上の真実を裁判所は追求しない。あくまで民事事件の多くは当事者同士のお金の問題であり、私益の追求にすぎないからそれでいいと考えられている。

主張や立証をできないと、主張責任・立証責任を負っている当事者が、裁判で不利益を負うというリスクがある。

そこで、弁護士代理の原則があり、訴訟法の知識をもっている弁護士が訴訟活動を行う。

もっとも、弁護士を立てるかどうかは当事者の自由だ。そこで、本人訴訟の場合には、訴訟法の知識がない素人であることを前提にして、裁判所がある程度積極的に求釈明《きゅうしゃくめい》をすることがある。これは弁論主義のリスクを補う行為なので、あくまで例外的だが「弁論主義の補完」といわれている。

これに対して、身分関係（婚姻・離婚・相続など）については、単なる私益の追求にとどまらず公益的な側面もある。そこで、家事事件などは職権主義を採用し、弁論主義のリスクを補っている。例えば、家事事件では調停前置《ぜんち》主義といって、訴訟をする前に調停を経る必要があるが、調停では調停委員が当事者から自由に話を聴いて手続を進める。

回復

「反対概念がわかると、確かに理解が奥深くなりますね。先生ありがとうございました。ところで上原さんの事件は、うまく行きそうですか。なんだか、今日の仁美先生は元気そうです」

「ええ。上原さんがあの後、事情を説明してくれたの。上原さんが借りていないのに提訴された理由もわかったわ」

「私が目撃した喫茶店の話が関係してました？」

「ええ。佐伯君情報もたまには役に立つわねえ」

「ひどいなあ。仁美先生」

「ごめん。冗談よ」

仁美に笑顔が戻り、権藤法律事務所は明るくなった。

第10話　弁論主義――後編

違法収集証拠

盗聴された録音テープから途切れ途切れの音声が流れ始めた。

「ほ、本当のことを言います。私が高橋さんから借りたお金は……」

「でも、なんで金額欄に一千万円と書いてあった借用書にサインしてしまったのかしら、上原さんは？」

「そ、それが、私もよく覚えていませんが、これに……サインし……た……」

原告から新たに提出された証拠は、権藤法律事務所で仁美と上原が打合せをしたときの会話を録音したテープとその反訳だった。

「ずいぶんと都合のいいところだけ録音されてるわ。それにしても、上原さんの鞄に盗聴器を忍ばせておくなんて、原告の高橋はめちゃくちゃなことをやる人ね」

録音テープを聴き終えると、仁美は祐一に漏らした。

「でも、どうして録音されちゃったんですかね」

「上原さん、うちに来る前に高橋と会っていたらしいの。喫茶店に呼び出されて話をしたんだって。上原さんがトイレに立ったすきに鞄のなかに録音機を忍ばせたのよ、きっと」

「でも、そうだとして、どうやってその録音テープを回収したんですかね」

「事務所に来たあとにも、そのときの件で会ってしまったとか」

「すきだらけですね。うーん、仁美先生。でも、これは盗聴されたものだから裁判所は証拠として採用しませんよね。気にする必要ないんじゃないですか」


当事者の了解なく無断で録音されたテープなどは、法律上は違法収集証拠と呼ばれる。刑事訴訟法では、被告人の有罪立証のために違法収集証拠を利用することは、原則として禁止されている。刑事訴訟は、被告人に刑罰を科すための手続であり、人権侵害をもたらす場面だから、裁判所に提出できる証拠も厳選される。デュープロセス（手続保障）が徹底されている。


「佐伯君、違法収集証拠は刑訴では原則として証拠能力なしだけど、民訴《みんそ》でもそうだったかしら」

「うーん、まだ勉強できていません。でも、勝手に録音されたテープを証拠として提出するのは不当だと思います」

「そうね。でも残念ながら、民訴では違法収集証拠も原則提出できるのよ。あとは別に損害賠償請求の問題で解決するべきという考えよ。刑事訴訟と違って、被告人の人権侵害の場面ではないから構わないという発想よ。だから、会話をしている内容を無断で録音していたとしても証拠提出できるの」

「でも、今回は当事者の録音のケースではなく、上原さんの鞄に勝手に録音機を忍ばせて仁美先生という第三者との会話を無断で録音しているから、人権侵害じゃないですか」

「鋭い指摘ね。民訴でも原則としては違法収集証拠の提出も認められているけど、学説では人権侵害がある場合などは認めないと考えられているわ」

判例《はんれい》でも、「当該証拠の収集の仕方に社会的にみて相当性を欠くなどの反社会性が高い事情がある場合には、民事訴訟法二条の趣旨に徴し、当該証拠の申出は却下すべき」としたものがある。

開廷

「それでは開廷します」

上原の第一回口頭弁論期日の日がやってきた。

「原告は訴状を陳述しますね」

「チンジュツ？」

高橋は裁判官の言っていることがよくわからず、呟いた。

「提出された訴状がありますよね。この内容どおりでこの法廷で陳述するという扱いをしてよいですね」

「ああ、そういうこと。じゃあ、陳述」

「ただし、補足の必要がありそうですね」

「は？」

高橋は口をポカンと開けた。

「いやね、訴状の請求原因ですが、『被告は原告に一千万円を支払う義務があることは両者の合意により明らかというべきである。したがって、被告は原告に対し金一千万円……と遅延損害金を支払え』と書いてますよね」

「はあ」

「法律上の要件事実を正確に言いますとね、金銭消費貸借契約が成立するためには、お金を返すという合意だけでなく、お金を授受したことまで必要なんですよ」

仁美の予想どおり、裁判官は原告高橋に対して積極的に求釈明をしてきた。弁護士を立てない本人訴訟のため、裁判官も親切に教えるのが一般だ（☆2）。

「一千万円貸し渡したって契約書に書いてあったはずだけど」

高橋が答えた。

「契約書というのは甲一号証の借用書のことですか」

「おお、そうよ。それ」

高橋は裁判所でも太々しい態度だ。

「甲一号証のどの部分のことですか。『平成十六年十月十八日、甲は乙に対し、下記金員を返還することを約して、これを貸し付けた』という箇所のことでしょうか」

「おお、それだよ。それ」

「これはあくまで証拠での記載です。原告は被告に対して一千万円を支払えという請求をしていますね。そしてその根拠は消費貸借契約です。そうであれば、原告の側で消費貸借契約の成立要件を立証するだけでなく、訴訟法上は主張もする必要があるんです」

「はあ。何言っているかよく……」

「だから、訴状の請求原因でも、原告は、被告に対して、平成十六年十月十八日、一千万円を渡したという記載をする必要があるんですよ。そのように補足した上で陳述ということでよろしいですか」

「よくわからないけど……」

「あなたのために言ってるんです！」

裁判官は口調を強めた。本人訴訟ではよくみられる場面である。

「じゃあ、そういうことで」

ちっ、なんだよこの裁判官……。高橋は法廷には聞こえない声で舌打ちをした。

釈明権の行使

仁美先生が言ってたとおりだ。裁判官は積極的に釈明権を行使してきた。

「訴訟資料と証拠資料の峻別」がある以上、主張責任を負う原告が金銭授受について主張しない限り、弁論主義の第一テーゼによって請求棄却になる。理論上はそうなっていても、現実の裁判では、こうして助け船が出されているんだ。

釈明権が弁論主義の補完といわれるゆえんを目の当たりにして、祐一は充足感を覚えた。

「それから、被告は答弁書を陳述しますね」

「はい、陳述いたします」

仁美の声が法廷に響いた。

「被告の反論としては、そもそも一千万円は借りていないということで否認。借用書にサインをしたのは被告だが、サインをしたときは一千万円ではなく、百万円と記載されていた。しかも、借用書ではなく、原告の元交際相手の上原真弓が手切れ金百万円を受け取ったことを原告の父親に証明するために、サインをして欲しいと原告に頼まれ、同じ苗字だった被告がそれに応じたにすぎない。ということですね」

「そうなります」

「それから、百万円は一度受け取ったことはあるけれども、これは上原真弓に対する手切れ金として渡すよう頼まれ預かった金銭であり、結局、上原真弓が受け取らなかったためこれを原告に返したと。こういう主張になりますか」

「そうなります。この点についての立証は、上原真弓の陳述書を提出する予定です」

仁美が今後の訴訟活動の方針を答えた。

「わかりました。それから原告は甲一号証から三号証を提出ですね。録音テープの反訳書がありますが、この点について被告はご意見ございますか」

「無断で盗聴されたものですし、録音再生できる箇所も原告に有利なものだけが抽出されています。したがって、甲三号証については証拠価値がないものと思料いたします」

「わかりました。証拠として採用すべきかについて問題があるということですね」

「それでは違法収集証拠の点については次回、被告の方でも主張の書面を出して下さい。また原告は答弁書に対する反論をして下さい」

こうして第一回の期日は閉廷した。

珍事

「仁美先生。あの録音テープどうなりますかね。あれだけみると不利ですよね。こちらは、借りたって上原さん言ってるし」

東京地方裁判所のエレベーターの中で、祐一は仁美に傍聴の感想を伝えた。

「あんな途切れ途切れの録音、裁判所だって証拠価値を認めないわ。それにこちらには真弓さんという重要な証人がいる」

「仁美先生、強気ですね。かっこよかったです」

「法廷はパフォーマンスの場でもあるから、そういうこともあるの」

「へー、それにしても、教科書で勉強する民訴と現実の民事裁判は随分と違う印象です」

「それがわかれば十分よ。もう民訴は問題ないでしょ」

「だったらいいんですけど……」

「そうだ！」

俄《にわか》に仁美が大きな声を上げた。

「どうしたんですか、仁美先生」

「佐伯君……」

「え？　なんですか」

「今日は珍しく遅刻しなかったわね」

「どてっ。意地悪ですね、先生も」

裁判所の大きな建物のなかに、二人の笑い声が鳴り響いた。

準備書面

三週間後、原告から、権藤法律事務所の仁美宛てに準備書面が送られてきた。

「なにこれ？　ずいぶん強引ねえ」

「どうしたんですか、仁美先生」

「上原さんの事件で原告から準備書面が出てきたの。本人訴訟だから仕方ないとはいえ、民訴の生かじりで強引な主張をしているわ」

「どんな主張なんですか」

「読んでみて」


被告は一千万円を借りた事実はないと否認する。

しかし、原告は、代理人である内川仁美に対して、打合せの際に次のように述べ、これを自白している。

「ほ、本当のことを言います。私が高橋さんから借りたお金は……」（甲三）

また、被告は、甲一号証の借用書について、上原真弓に対する手切れ金を渡したことを原告の父に証明するため、上原真弓ないしその家族が受け取ったかのような書類を作りたいと原告から頼まれたためサインをしたにすぎず、一千万円の借用書にサインしたものではないと主張する。

しかし、この点についても、被告は代理人内川仁美に対して次のように述べ、一千万円の借用書にサインした事実を自白している。

「でも、なんで金額欄に一千万円と書いてあった借用書にサインしてしまったのかしら、上原さんは」

「そ、それが、私もよく覚えていませんが、これに……サインし……た……」（甲三）

このように、本件請求原因事実については自白が成立している。


「なるほど。でも、先生、自白が成立してしまうと弁論主義の第二テーゼがあるからヤバイんじゃないですか」

祐一は原告の主張に説得力を覚えた。

「佐伯君、確かに自白が成立したらヤバイわよ。でも、そもそも弁論主義の第二テーゼにいう自白ってどういう場合に成立するの？」

「うーん……」

「弁論主義の第二テーゼを言ってみて」

「えーと、『裁判所は、当事者間に争いのない事実をそのまま判決の基礎にしなければならない』でした」

「そうよね。本件は一千万円を被告上原さんが借りたことについて、当事者間に争いがないの？」

「争いがあります。被告上原さんは一千万円を借りていないと答弁書でも主張しています」

「そうよね。そしたら弁論主義の第二テーゼの適用場面といえないいんじゃないかしら」

「確かにそうですね。でも、原告が準備書面で主張するように、甲三号証の録音テープの反訳書では被告上原さんは自白しているかのような発言をしています」

「いいところに気づいたわね。結論としては今言ったように弁論主義の第二テーゼは適用されないので自白の問題にはならないわ。じゃあ、なんで自白にならないか？　今日の宿題」

「えー、宿題ですか？　司法試験の勉強もあるんですけど」

「これも司法試験の勉強になるじゃない。それに体系書の自白の部分を調べればすぐにわかるはずよ」

裁判上の自白

祐一は自宅に帰ると、彼妻《かれつま》教授が書いた『民事訴訟法』を紐解いた。

弁論主義の第二テーゼを覚えたときは、単に「当事者間に争いのない事実」という言葉でインプットしていたが、そもそも第二テーゼが適用される「自白」の意義を調べてみた。

自白は正確には「裁判上の自白」という。その要件は次の三つだ。

①口頭弁論又は弁論準備手続における陳述であること
②相手方の主張と一致していること
③自己に不利益な事実を認める旨の陳述であること

上原の事件で原告が自白と主張している点は、結局①の要件で切れる。

そもそも、裁判外での供述は「口頭弁論又は弁論準備手続における陳述」ではないから弁論主義第二テーゼが適用される「自白」にはあたらないのだ。

よくよく考えてみれば、訴訟外で認めていたとしても、裁判では争うというケースはあることだ。裁判外の供述をもって裁判上の自白を成立させてしまえば、訴訟での十分な主張はできなくなってしまう（☆3）。

宿題が終わって、祐一はほっとした。同時に、体系書に書かれている定義や要件は、具体例を通じて考えると一つひとつの言葉に意味があることがわかった。

要件と効果

「でも、もし自白が成立しちゃったらどうなるのさ」

上慶大学の学食は今日も賑やかだった。吉村の素朴な疑問から議論が始まった。

「自白が成立したら、『当事者間に争いのない事実』だから、第二テーゼが適用されて、判決でそのままその事実が認定されるんだ」

祐一が答えた。

「そしたら、たとえば、法廷で言い間違って認めてしまったら、その事実にすべて拘束されちゃうわけ？

恐ろしいなあ裁判って」

「まあ、法廷での言い間違いは、口頭弁論調書に記載されなければそもそも問題にならないよ。それに、その場で気づいたら訂正すればいい。問題なのは準備書面で明確に自白していたことを、あとから否認できるかだね」

祐一は法廷傍聴もしているため、実務に詳しくなっている。

吉村が質問を続ける。

「その場合どうなる？」

「だから、やっぱり弁論主義の第二テーゼが適用されるから、判決の基礎にされちゃうよ。裁判上の自白が成立している以上仕方ない」

「ちょっと不正確だな」

村田が口を開いた。

「どうして？」

「佐伯さ、弁論主義の第二テーゼと自白の要件は覚えたようだけど、効果を落としてない？」

「効果？」

「法律の学習の基本だぞ。ある法律上の概念をマスターしたといえるためには、要件と効果、この二つを語れなければいけない」

「なんだ、また意味深な。法律オタクから哲学者に転向か」

吉村が茶化した。

「自白の効果だよ。裁判上の自白の効果」

村田にそういわれて、祐一は片面的な勉強で満足してしまっている自分を認識した。

裁判上の自白の効果

村田に効果を押さえていないといわれた祐一は、そのまま権藤法律事務所のアルバイトに向かった。午後から出勤の日である。

権藤法律事務所は祐一の勉強時間の一つだ。祐一は三つの勉強時間を持っている。

一つが自宅や図書館など自分一人での学習時間。二つ目が大学での村田と吉村との三人での会話の時間。三つ目が権藤法律事務所での仁美のレクチャーと議論の時間だ。

「仁美先生、この前の宿題わかりました。裁判上の自白が成立するための要件として『口頭弁論又は弁論準備手続における陳述』というものがあって、上原さんの事件では裁判外の陳述なのでこれを満たしません。それで自白は成立しません」

「そうね。だから、あの準備書面の原告の主張は、主張として全く成り立ってないの。主張自体失当そもそも成り立ちえない主張のことを、民事訴訟では「主張自体失当」という。準備書面や判決で散見されるフレーズだ（☆4）。

「仁美先生、ところで自白が成立したら、そのまま判決の基礎にしなければいけないんですよね。第二テーゼがあるから」

「まあそうだけど、例外もあるわよ」

「例外ですか?」

「ええ。自白の効果は勉強した?」

「それがまだで。さっき村田にいわれちゃいました。『ある法律上の概念をマスターしたといえるためには、要件と効果、この二つを語れなければいけない』って。そして自白の効果も押さえてないのかって」

「ムラタ君はいつもいいことというわね。今度連れてきなさいよ。まあ、それはともかく、自白の効果は三つあるのよ。誰に対する効力かで分けると理解しやすいわ」

「誰に対する効力……ですか」

「そう。まずは対裁判所よね」

「ああ、裁判所は判決を書きますから、当事者の自白どおりに判決を書かなければいけません」

「そうね。審判排除効なんていうけど、要するに裁判上の自白が成立した事実については、裁判所は審理できないわけ。それから、対当事者の効力を考えてみて」

「立証が不要になります」

「そうね。不要証効《ふようしょうこう》といったりするの。当然に判決の基礎にされるから、裁判所もその事実について審理しないし、当事者も証拠で立証する必要がなくなるの。それから、こうした不要証効の反射的効果でもあるんだけど、もう一つ対当事者の効果があるのよ」

「うーん。わかりません」

「後半病が出てきたわね。佐伯君が原告代理人をしていて、被告が自白をした。だけど、あとから撤回するといわれたらどう思う？」

「それは不誠実な感じがします」

「なぜかしら」

「自白が成立すれば不要証効が生じますので、もうこちらは立証する必要がないと思います。それなのに、やっぱり撤回するといわれたら、そこから立証手段を考えなければならないからです」

「裏切られた感じがするわよね。証拠収集もできなくなっているかもしれないし。それで、自白の三つ目の効果として、不撤回効《ふてっかいこう》という効力が当事者に生じるの」

裁判上の自白の効果
①対裁判所：審判排除効
②対当事者：不要証効
③対当事者：不撤回効

自白の不撤回効の例外

「勉強になりました。それで例外っていうのはなんでしょう?」

「正確にいうと、三つ目の効力『不撤回効』の例外になるんだけど、自白をしても撤回できる場合があるのよ」

「えー。それじゃあ裏切りを認めることになるじゃないですか」

「佐伯君が原告代理人のさっきの事案に戻るわよ。もし、被告が自白を撤回したけど、原告としてはその事実を簡単に立証できる場合で、自白の撤回を認めてあげても構わないと思ったらどうする?」

「こちらで撤回に同意しているので裏切られたという感じはしません」

「そうよね。この場合は自分の有利な訴訟上の地位を自ら放棄しているから撤回を認めてもいいといえるの。この相手方当事者が撤回に同意した場合が例外の一つね」

「ほかにも例外があるんですか」

「あるわよ。例えば脅迫して自白させた場合はどう？」

「それは真意ではないので自白を認めるべきではないと思います。なので、撤回を認めてもいいと思います」

「そうね。正確にいうと『相手方又は第三者の刑事上罰すべき行為によって自白がなされた場合』に撤回を認めているわ」

「先生。でも、刑事上罰すべきとまではいかないけれど、真実じゃなかったとか単に勘違いだったという場合もありますよね」

「おっ、今日は後半なのに調子が上がってきたわね。それが三つ目の例外よ。これも正確にいうと『反真実かつ錯誤《さくご》による場合』というわ」

自白の不撤回効の例外
①相手方が同意した場合
②相手方又は第三者の刑事上罰すべき行為によって自白がなされた場合
③自白が真実に反し、かつ錯誤（反真実かつ錯誤）によるものであることが証明された場合

幸福

六か月後、上原の事件は、請求棄却《ききゃく》で上原側の完全勝訴判決が言い渡された。上原真弓の証人尋問が功を奏したからだ。

「ほ、本当にありがとうございました」

上原が仁美にお辞儀をした。隣にいた真弓もお辞儀をした。

「ところで上原さん。随分と不当なことで提訴されましたよね。もともと原告の高橋さんとは長い付き合いだったんでしょ。手切れ金の件だって上原さんが善意でやったことなのにそれを逆手にとって架空の貸金返還請求訴訟を提起された。酷い話でしたよね」

「内川先生」

いつも黙っていた真弓が初めて口を開いた。

「実はね。わたしたち来月結婚するんです」

「えっ？　付き合っていたんですか」

祐一が驚いた。

「はい。高橋さんに頼まれて手切れ金を持ってきたとき、上原さんの優しさに触れて。口下手だけど、真面目で誠実な上原さんに惹かれていったんです。高橋さんとは対照的だったのがよかったのかもしれません。提訴されたのは二人の仲を知った高橋さんの嫉妬のせいだと思います。だから判決で勝ったことはとても大きな意味があったんです。先生、本当にありがとうございました」

真弓が顔を紅潮させて話すと、上原も顔を赤らめた。

「い、い、いやね。先生。ま、ま、真弓さんは姓を変える必要がないから、便利だから、わ、私にしただけですよ」

勝訴判決と上原両氏の結婚。困惑と不安で始まった訴訟が、大きな幸福で幕を閉じた。

☆１　現在の司法試験は一回の受験で合格する人が八割を超えるものに変化している。令和五年（二〇二三年）度のデータによれば、受験者数（三九二八人）に対する合格者数（一七八一人）の割合（合格率）は、四五・三四％を記録している。うち一回目受験の合格者数は一五八四人おり、合格者に占める一回目受験合格者は八八・九三％にも及ぶ。以上は、「令和五年司法試験の採点結果」（法務省大臣官房人事課。法務省ＨＰ）を参照。

☆２　現在では、書式の見本が裁判所にあることを、裁判官や書記官が案内する光景もみられる。裁判所のホームページをみると、たとえば「貸金請求」については「書式のダウンロード」ができる。こうして本人訴訟でも、訴状の書き方を知る手立てが、現在は充実している。

☆３　裁判外の供述で自白は成立しないとしても、裁判所による事実認定に際しては、自由心証主義の下で、自分に不利な事実を認めていたとして、上原の供述どおりの事実が認定される可能性はある。

☆４　主張自体失当とは、一方の当事者が主張する要件事実が全て認められたとしても、その主張する法律効果の発生が認められない状態をいうほか、主要事実の主張の漏れがある場合も、これにあたる。

第5章 ピンチはチャンス？

あらすじ

この章では、祐一が訴え提起をされてしまいます。電話で勧誘されて買った高級時計コメガの代金三十一万五千円が未払いだから支払えという訴訟です。

祐一は、ホームページには十三万五千円と書いてあったから、十三万五千円だけ払ったと言います。しかし、その支払いをした振込証書の会社名が「モジモジウォッチュ」。原告である「もしもしウォッチェ」と違う会社のようにも見えます。

果たして、祐一は売買代金支払請求事件に勝訴することができるのでしょうか。

いつも他人の事件をみながら、民事訴訟法を勉強していた主人公（佐伯祐一）は、自分が被告として裁判の当事者となってしまい、大ピンチを迎えます。

ピンチのなかから何かを学び取ることができるかどうか、弁護士の内川仁美はうまくサポートしていきます。

◉主題◉

この章では、民事訴訟法において重要な概念である証明責任と自由心証主義について、具体的な事件を通じて学んでいただきます。

また、技術的にイメージもしにくく、難解と思われがちな否認と抗弁についても、単純な事案を通じて体得していただけるよう工夫をしています。

◉論点◉

・証明責任
・否認と抗弁
・自由心証主義
・上告理由
・証明と疎明
・証拠共通の原則
・反訴

第11話　大ピンチ！　祐一訴えられる——前編

祐一訴えられる

「仁美先生！　大変なことになってしまいました。助けて下さい。詐欺です。詐欺事件に巻き込まれました」

祐一は、権藤法律事務所に入るやいなや、興奮して仁美のもとにかけつけた。

「詐欺事件？　いったいどうしたの？」

「簡易裁判所から僕宛てに訴状が送達《そうたつ》されました。もしもしウォッチェという怪しい会社から訴えられたんです」

「訴えられたって、佐伯君が？」

クライアントからのメール処理をしながら話を聞こうとしていた仁美は、驚き入力を止めた。

「そうです。そうなんです。あり得ない感じです。代金三十一万五千円と遅延損害金を支払えっていうんです。三十一万五千円もする時計なんて買ってないのに。詐欺ですよ。悪質な詐欺です。仁美先生助けて下さい」

「わかったわ。落ち着いて。訴状を見せて」

仁美は、祐一が汗だくで握りしめていたしわくちゃの訴状を受け取った。

訴状を見ると、祐一のいうとおり、請求の趣旨として、「金三十一万五千円と四月三十日から年率十パーセントの遅延損害金を支払え」という内容が書かれていた。

請求原因の欄を見ると、祐一が四月十日にインターネットのホームページを通じて、原告である「株式会社もしもしウォッチェ」から代金三十一万五千円のコメガの腕時計を買ったと書かれていた。

売買契約に基づく代金の支払いを求める請求である。

「佐伯君は、このウォッチェさんからコメガの腕時計なんて買ってないのね」

「……詐欺ですよ！」

「詐欺はわかったけど、落ちついて。佐伯君は法律家になるんでしょ。弁護士になるんでしょ。だまされて感情的になるのもわかるけど、法律的に考えないとダメよ。こういうときこそ、いい勉強になると思った方がいいわ。ピンチはチャンスっていうじゃない」

「勉強だなんて仁美先生ひどいですよ。大学生に三十一万五千円なんて、とても払える金額ではないですよ。あり得ない金額です。お金持ちの仁美先生とは違うんです」

話を聞きながら、仁美は祐一の左手首に目をやった。

「佐伯君、ちょっと見せて」

「な、なんですか？」

「いいから。その時計見せてよ」

「い、いやですよ」

「あら、彼女からもらった大事な時計なのかしら？」

「ちがいますよ。お金をためて買ったコメガです！」

「コメガ？　もしかして、佐伯君買ったの？　もしもしウォッチェさんから」

「い、いや。それが……」

事情

祐一は顔を赤らめながら、事情を話し出した。

「コメガの腕時計、確かに買いました。それは事実です。この事務所との出会いとも関係があるんですが、大学三年生になったばかりのころ、大学の教室で腕時計をなくしてしまったんです。念のため、学生部に遺失物として届けられていないか見に行ってみたのですが、僕の腕時計は届けられていませんでした。でも、そのときに、権藤法律事務所の事務員アルバイトの募集案内をたまたま見つけたんですよ。それで、すぐに電話をして、採用していただき、仁美先生とも知り合えたんです」

「そうだったの。塞翁が馬のような話ね。私が佐伯君に出会えたのも、その腕時計がなくなったお陰なのね。縁って不思議。それで、その時計は見つかったの？」

「結局見つかりませんでした」

「それで、コメガを買ったのね」

「はい。でもコメガの時計は大学生には簡単に買える代物ではありません。先生も知っていると思いますが」

「ええ。高級時計よね」

コメガの腕時計は、定価で買うと十万円以上はする。高いものは百万円以上のものもあり、通常は二、三十万円は出さないと買えない高級腕時計である。

「司法試験を受ける資金を稼ぐ目的もあって、この事務所でバイトを始めましたが、それなりにお金も稼ぐことができました。そこで、新しい腕時計は、前から憧れていたコメガを買おうと思ったんです。でも、デパートや量販店に置いてあるのだと、三十万円はするので、とても買えません。ちょうどそのころ、その会社から電話がかかってきて、『高級腕時計が安く買えるサイトを作っているのですが、いかがですか』と勧誘されたんです。それで、その人に教えてもらったサイトをインターネットで見てみたら、十三万五千円で売っているのがあったので、買うことにしたんです」

仁美は、祐一のコメガを自分の腕にはめて、眺め始めた。

「いい時計ねー」

「仁美先生！　ちょっと勝手にはめないでくださいよ。それに、ちゃんと話聞いて下さい！」

祐一が顔を紅潮させた。

「聞いてるわよ。でも、これコメガよ。きっと。詐欺じゃないわ。本物っぽい輝きがあるもの」

「どれどれ。ちょっと見せてみぃ」

通りかかった仁美の兄弁《あにべん》鈴木も、祐一の腕時計を手にとった。

鈴木は真剣な目で腕時計を見つめていたが、しばらくすると口を開いた。

「これコメガだよ。コメガのアクアゲット。定価だと四十五万円くらいするぞ」

「佐伯君。鈴木先生は時計好きだから、あたってるんじゃないかな」

「安い買い物したじゃないか。三十一万五千円で買えたなら」

仁美と鈴木が口をそろえて言った。

「もう帰ります」

祐一は、言葉をなくし俯いた。

「うそよ。冗談。話を続けて。法的に三十一万五千円を払わなければいけないかは、まだわからないわよ」

証明責任

祐一は再び語り始めた。

「十三万五千円で買えるならお得だなと思いました。新品と書いてありましたし。それで申込みをしたんです。注文ボタンを押すと申込みフォームが出てきたので、それに自宅の住所や電話番号、名前など必要事項を書いて、購入ボタンを押しました。代金は後払いでした。五日後くらいに自宅に包装された腕時計が届きました。宅配便で。中を開けると、代金の振込用紙が入っていました。見てみると、支払期限が四月三十日で、振込金額が三十一万五千円になっていたんです」

「それで、どうしたの？ ウォッチェさんに電話とかしなかったの？」

「電話はしませんでしたが、問い合わせ先としてホームページに掲載されていたメールアドレスにメールをしました。十三万五千円と書いてあったはずなので、十三万五千円しか払いませんって。そしたら、『お客様にご購入いただきました商品はご請求書に記載しましたとおり、三十一万五千円になります。』という返事がメールで来ました。そんなはずはないとホームページを見てみると、代金金額が三十一万五千円に書き直されていました。でも、僕が申込みをしたときは十三万五千円だったんです。だから、十三万五千円を振り込みました」

「あれれ。佐伯君は十三万五千円を振り込んでるのね。そうだとしたら、三十一万五千円と十三万五千円の差額、つまり十八万円の請求をするべきよね。ウォッチェさんは」

仁美が冷静に淡々と言った。

「仁美先生。弁護士の先生ってなんだか、こういうとき冷たいですね。悲しくなってきました」

「しょうがないじゃない。ちゃんと相談に乗ってあげてるんだから、有り難く思いなさいよ。本来お金がかかるのよ、なんて。それにね、いまは事実を客観的に整理する必要があるんだから、冷静に淡々とやるしかないでしょ。私が佐伯君みたいに感情的になっていたら相手に負けちゃうわよ。だけど、十三万五千円は振り込んでるのに、どうして三十一万五千円全額の請求をしてきたのかしら。ちゃんと振込みをした証拠はあるわよね?」

「あります。持っています。振込の控えです。あとで証拠として重要になると思って、ちゃんと取っておきました」

そう言うと、祐一は「ご利用明細票」と書かれた銀行ATM発行の振込証書を差し出した。

「ふんふん。十三万五千円になってるわね。振込日は四月二十八日。だいじょぶね。これなら……ん? ちょっと待って」

「どうしました?」

「佐伯君。訴状の原告は「株式会社もしもしウォッチェ」よね?」

「そうですけど……。通販の会社も「もしもしウォッチェ」でしたよ」

「この用紙の振込先、「カ)モジモジウォッチュ」になってる……」

「えー。カタカナなのでちゃんと見てませんでした。勉強で視力が落ちてたから、気づかなかったんですかね。ショックです……」

祐一は意気消沈した。

「やっぱり詐欺じゃないですか。もう嫌です。十三万五千円を振り込んだ証明も困難となりましたので、帰ります。家に帰って裁判の準備をします。先生に頼むとお金がかかるから、自分でやります。本人訴訟で頑張ります。勝てそうにないですけど。では、お先に……」

「ちょっと佐伯君、待ちなさいよ。せっかくだから、民事訴訟法の勉強をしましょう。証明責任を体得するいいチャンスじゃない。佐伯君は民訴《みんそ》を勉強する星の下に生まれてきたのかもよ」

「全然フォローになってないですよ」

「いいから。さあ証明責任の勉強をしましょう！　と思ったら、もう法廷に行く時間だわ。じゃあ、明日朝一でやりましょう。それから事件の方は私に任せといて。報酬なんていらないから大丈夫」

「ありがとうございます」

祐一は涙が出そうになった。

祐一の大きな不安は、仁美と話していると自然と和らいできた。

弁護士と依頼者の関係はこういうものなんだと、祐一は改めて実感した。

将来弁護士になるためには、依頼者の気持を知っておくことも勉強になるだろう。そう思うと、不思議と弁護士になる意欲が湧いてきた。意気消沈していた気分も晴れてきた。

特別法

「ついに祐一も訴えられちゃったのね。たとえ話ばかりしてるからよ」

渋谷で映画を見た後、祐一は彼女の優美とお茶をしていた。

「正直困った。でも、仁美先生がいるから安心かな」

「でもさあ。その腕時計コメガのよね。お店でみたら四十万円くらいで売ってたわよ。一円も払わなくていいわけ?」

「一円って、違うよ。ただでもらったんじゃない。十三万五千円で買ったんだ。十三万五千円はちゃんと払ってるよ」

祐一は顔を紅潮させた。

「でも、微妙に違う名前の会社に振り込んだだけなんでしょ。モジモジなんとか。ぷっ」

「なんだよ。笑うのかよ」

「ごめんね。でも、祐一は弁護士を目指しているのよね。なんだか脇が甘いから、おかしくなってきちゃった。大丈夫なの? そんな感じで」

「うるさいなあ。仁美先生がいるから大丈夫。いまはまだ弁護士じゃないんだ。事件の被害者になって、訴えられて被告になって、仁美先生にお願いして依頼者になって、いろいろな立場を勉強してるんだ」

「ほー。プラス思考だこと。ところで、クーリングオフはできなかったの?」

「えっ?」

祐一はクーリングオフなど考えもしていなかった。

「だって、電話で勧誘されたんでしょ。詳しくは知らないけど、何日以内かだと無条件で契約を解除できるんじゃなかったかしら」

「そうなんだ。……もう買ってから何か月も経っちゃったよ。もっと早く教えてくれればよかったのに」

民法や民事訴訟法では、消費者保護の観点から制定された特定商取引法や消費者保護法といった特別法はあまり勉強しない。

祐一は司法試験の科目の勉強しかしていなかったので、特定商取引法に規定があるクーリングオフについては無知だった。

司法試験の科目だけでは、現実の紛争は解決できないのが実情だ。

祐一は自分の無力さを痛感した。同時に事件の当事者になることで、紛争解決には何が必要なのかが見えてきた気がした。いままで民法や民事訴訟法という狭い世界でしかモノを見ていなかったが、現代社会には多くの法律があって、多くの特別な規定があるのだ。

否認と抗弁

翌日の権藤法律事務所は、朝から仁美の明るい声がこだました。

「それじゃあ、佐伯君被告事件をテーマに証明責任の勉強をしましょう」

仁美がいつものように明るい声で「佐伯君被告事件」などと言うので、祐一はムッとした。

「今日は自分の事件をきっかけに勉強しようと覚悟を決めて来ました。でも、佐伯君被告事件だなんて、あんまりですよ」

「いいのよ。心に痛いくらいの方が忘れないから。さあさあ朝のうちに済ましちゃいましょう」

「荒療治ですね」

「早速だけど、この訴訟。原告のもしもしウォッチェさんは、どんな事実を証明する必要があるかしら」

原告もしもしウォッチェは、売主として被告である祐一に売買代金三十一万五千円などの支払いを求めている。

「ウォッチェの野郎が僕に対してコメガのアクアゲットを三十一万五千円で売る合意をした事実です」

「そうね。売買契約は民法五五五条に規定があるわよね。民法で勉強したと思うけど、消費貸借契約とかと違って、要物契約《ようぶつ》ではないから、目的物を引き渡したことまでは主張や証明をする必要はないわね」

口約束のみでも成立する契約を諾成契約《だくせい》という。売買契約は諾成契約だ。

これに対して、消費貸借契約のように、目的物（金銭など）を相手方に渡して初めて成立する契約もある。これを物の引渡しまで必要な契約という意味で要物契約《ようぶつ》という（☆1）。

「さあ、これらの事実は証明できているかしら」

「甲号証として証拠が出ています。インターネットを通じて、僕が記入して送ったとされる申込書が出ています。申込日、申込者の住所、電話番号、名前が書かれています。これらは全て僕のです。商品名としては、コメガのアクアゲット……、あと、うーんと、「０７０７２７」という番号までついています。目的物の特定だと思います。代金は三十一万五千円（消費税込み）と書かれています」

「そうすると？」

「ウォッチェの野郎が主張する売買契約があったことを基礎づける事実は、これによれば立証されていると思います。でもですね！」

「わかってるわ。代金は十三万五千円ってホームページには書いてあったんでしょ」

「そうです。あとで値段を書き換えたとしか思えません」

「答弁書では、認否《にんぴ》をしないといけないけど、売買があったことは認めざるを得ないかしらね」

「代金額は違いますけど、実際にこの時計を受け取っていますから……」

祐一は意気消沈した。

「でも、佐伯君には抗弁《こうべん》があるでしょ？」

「コウベン？　何ですか、それ」

「抗弁っていうのはね、相手方が主張する主要事実について、その事実そのものは認めるものの、この主要事実が達成しようとする法律効果を否定する別の事実を主張することよ」

「わかったような、わからないような、難しい概念ですね」

「確かに馴染むまでは難しいかもしれないわ。こういう風に覚えると理解しやすいわよ。相手方の主張を否定する主張には二つあるの。ひとつが否認。もうひとつが抗弁」

相手方の主張を否定する主張
┌否認
└抗弁

仁美が続けた。

「じゃあ、否認と抗弁どこが違うのかっていうとね。否認は、相手方が証明責任を負っている事実を否定する訴訟行為のことなの。佐伯君被告事件では、売買の合意をした事実なんてありませんっていう場合は、否認にあたるわ。これに対して、売買の合意は確かにありました。でも、代金を払いましたというときは抗弁になるの。相手方であるウォッチェさんが主張している売買の合意という事実は認めるけど、その後に代金は払いました。だから代金三十一万五千円を支払えという請求は成り立ちません。こういう主張を抗弁というのよ。否認との違いは、抗弁は自分が証明責任を負っているという点。それから、原告の請求と両立する点よ」

「否認は相手方が証明責任を負っている事実を否定することで、抗弁は、相手方が証明責任を負っている事実は認めた上で、今度は自分が証明責任を負う新たな事実を主張することなんですね」

「そうよ。相手方の主張を否定する訴訟行為という点では共通するこの二つは、証明責任がどちらにあるかによって区別されるのよ。逆に共通する効果としては、相手方の主張する法律効果の発生を封ずるという点ね。佐伯君被告事件でいうと、否認にしても、抗弁にしても、それが認められれば、三十一万五千円の売買代金支払請求権という法律効果の発生が阻止されるのよ」

相手方の主張を否定する主張
否認…相手方が証明責任を負う事実の否定
抗弁…自己が証明責任を負う新たな事実の主張

「否認とか抗弁というと難しい感じがしますけど、具体的に考えると理解できました」

抗弁は被告が証明する

「ほかにも抗弁があるわよ」

仁美が目を輝かせた。

「抗弁ですから、売買契約の成立は認めた上で、三十一万五千円の代金支払請求権の存在を否定する主張ですよね。しかも、僕の側が証明責任を負う事実ですね」

「そうよ。よく理解できているわ」

「うーん。なんでしょう?」

「民法で習った抗弁があるはずよ。まあ民法では、それが抗弁の一つだとは習っていないだろうけど。民訴では重要な抗弁の一つね」

「うーん。わかりません」

「自分のことでしょ？　なんて主張したいの？　法律抜きで考えてみるとすぐにわかるはずよ。具体的にどういう反論をしたいのか。ウォッチェの野郎に」

「野郎」と言いながら、仁美は笑った。祐一は少し嬉しそうな顔をして答えた。

「そうですね。ウォッチェの野郎に言ってやりたいのは、人をだましやがってということです。あっ、詐欺取消しの抗弁ですか」

「そうね。十三万五千円と表示されていたからこそ買ったのに、実際は三十一万五千円だったと言われた。値段を実際より安く表示することで、商品を買うようにだました。こう言えるのであれば、民法九六条の詐欺取消しの主張ができるわね。同じような主張で他にも抗弁がないかしら？」

「詐欺取消しの主張で思いつきました。錯誤《さくご》無効の主張です（☆２）。三十一万五千円もするなら買わなかったですから。というか買えませんでしたから、重大な勘違いがあります。だから無効です」

「そうね。錯誤無効の抗弁も考えられるわね。もちろん、錯誤無効は「要素の錯誤」といって、その事実を知らなかったとすれば、そうした意思表示はしなかったであろうといえるほど重大な錯誤に限られているから、この点をこちらで証明する必要があるわね。この場合、一般人を基準として考えるとされているけど、佐伯君がいうように、三十一万五千円と十三万五千円では随分と値段が違うから、認められる可能性もあるわね」

民法では、意思表示に瑕疵《かし》がある場合として、錯誤無効や詐欺取消しといったものを学習する。また、債権は一般的に十年で消滅するという消滅時効という概念なども勉強する（☆3）。

これらは、実体法である民法では、単にそれぞれの要件と効果のみ勉強するようになっている。

しかし、実際には、この事件のように、訴訟で原告が主張する請求原因事実そのものを否認することが厳しい場合に、被告の側で抗弁として主張するものなのである。抗弁であるから、被告が証明しなければならない。

逆にいえば被告において証明することが困難であれば、主張を控えるのが通常である。したがって、その場合は、請求原因事実そのものを否認して、原告の側に請求原因事実を証明させるのである。

証明と疎明

「仁美先生。ところで証明責任ってどういう意味なんですか？　漢字が日常用語でわかりやすいので、単に証明する責任という理解しかできていませんが、それだけでいいのですか？」

「いい質問ね。今日は後半なのに冴えてるわね。証明責任はね。敗訴責任と考えてもらえばいいわ」

「敗訴責任？　ですか」

「そうよ、佐伯君。証明って言葉をいままで簡単に使ってきたけど、証明って何かしら？　どこまでの事実を裁判所に提出すれば、その事実が証明されたことになるのかしら。例えば、佐伯君被告事件の売買の事実だって、申込書だけで証明があったっていってしまっていいのかしら。もしかしたら、この申込書のフォームに記入をしたのは佐伯君じゃなくて、佐伯君のお父さんかもしれない。あるいは全然知らない第三者かもしれない」

「うーん、確かにそうですね。どの程度で証明があったといえるのか、誰が判断するんですかね？」

「誰だと思う？」

「当事者が判断しても公平じゃないですから、やはり裁判官ですか？」

「そうよ。裁判官がその事実が証明されているかどうかを判断するの。裁判官は当事者から提出された証拠や口頭弁論に現れた全趣旨をもとに、その事実があったかどうか、あったという証明がされているかどうかを自由に判断するのよ」

「自由に判断するのよ」

「そうよ。だから自由心証主義っていうの」

「ジユウシンショウシュギ……ですか。言葉どおりですね」

「ええ。詳しくは次回やるけど、この自由心証主義は民事訴訟の大前提で、いま勉強している証明責任とも大きな関係があるのよ」


「証明」の程度は、裁判官が確信を得た状態まで必要である。

これに対して、一応確からしいという程度でよいものを「疎明《そめい》」という。緊急性を要する保全手続などでは、疎明で足りるものがあるが、民事訴訟は裁判であるから、通常は「証明」が必要になる。

民事訴訟法上、「証明」とは、認定すべき主要事実の存在について、裁判官が確信を得た状態、または裁判官に確信を得させようとする当事者の行為をいうと定義されている。

第12話　大ピンチ！　祐一訴えられる――後編

自由心証主義

「さあ、証明責任の続きを始めましょう」

仁美が元気に声を上げ、続けた。

「証明責任っていったいなんだろうっていう話ね。前回の最後で少しだけ勉強した自由心証主義が絡んでいるのよ。今回は、証明責任を理解するために、まず自由心証主義を勉強しましょう」

法定証拠主義

自由心証主義とは、裁判における事実の認定を、審理に現れた一切の資料・状況に基づいて、裁判官の自由な判断によって形成される心証によって行うことをいう。

要するに、裁判官が当事者の提出した証拠と弁論の全趣旨に基づいて、自由に当該事実が存在すると認められるか否かを判断することをいう。

しかし、これだけだとわかりづらい。そこで、反対概念を登場させると理解しやすい。

「ある概念を理解するためには二つのアプローチが効果的だと思っている。一つは具体例。もう一つが反対概念」

村田の言葉が頭を過ぎる。村田のこの言葉を常に頭に置きながら勉強すると、民訴の小難しい概念も簡単に理解できるから不思議だ。

「さて……」

祐一は、そう呟きながら、自由心証主義の反対概念を調べてみた。

「自由心証主義の反対概念は……と」

自由心証主義の反対概念は法定証拠主義である。

法定証拠主義というのは、どのような証拠に基づいて、どのような事実を認定すべきかについて、あらかじめ法則を民事訴訟法で定めておき、これに従って裁判官が事実を認定する原則のことだ。

法定証拠主義は、法律で事実認定のための証拠法則（証明のためのルール）を定めておくものだから、自由心証主義と異なり、どの裁判官が判断しても同じような認定方法になる。

その点で裁判の公平に資するルールであり、個々の裁判官の自由な心証の取り方に委ねる自由心証主義よりも優れた原理のようにも思える。

しかしながら、現代の複雑な社会において、あらゆる事象すべてについて証拠法則を予め法律で定めておくことは、現実には困難である。

むしろ、複雑化した現代社会においては、公平な裁判をすることを当然に責務として負う専門家である裁判官に、自由な証拠評価をさせて心証をとってもらう方が柔軟な対応ができるといえる。

こうした理由から、民事訴訟法は自由心証主義を採用した。

祐一は眠い目をこすりながら、自宅の机で自由心証主義の反対概念を学んだ。

「反対概念を想定するとわかりやすいな。さすが村田だ。さて、もう一つのアプローチもやらなきゃ。自由心証主義の具体例……」

気がつくと午前二時を過ぎていた。祐一は間もなく目を閉じベッドに倒れ込んだ。

自由心証主義の内容

「佐伯君、自由心証主義をやるわよ」

「自由心証主義の反対概念ってわかる?」

「法定証拠主義です」

「おっ、すごいなあ。勉強進んでるわね」

「じゃあ、自由心証主義の具体例も言ってみて」

「わかりません」

「どてっ。前半から飛ばし過ぎよ。反対概念も重要だけど、現行法が採用している制度の具体例も理解していないと意味がないわよ」

「寝てしまったので……」

「えっ?」

「いや、なんでもありません。具体例教えて下さい、仁美先生」

祐一は顔を赤らめた。

「自由心証主義は具体的には二つあるといわれているの。一つが証拠方法の無制限。もう一つが証拠力の自由評価よ」

自由心証主義
①証拠方法の無制限
②証拠力の自由評価

「証拠はどんなものでもいいし、その証拠にどの程度の証明力があるかは裁判官が自由に判断してよいということですか？」

「そう。そういうことよ。具体的な例でいうと、この前少しやったのがあるわよ」

「なんでしょうか？」

「例えばね、違法に録音されたテープを証拠にしてもいいかって話があったでしょ」

「上原さんですね。『か、か、か、借りてないです』って言ってた人」

「上原さん懐かしいわね。自由心証主義によれば、証拠方法は無制限。だから原則として刑事訴訟法と違って、無断で録音されたテープでも証拠にしていいということになるのよ。それから、当事者が提出した証拠だけでなく、弁論の全趣旨も証拠方法にしていいの」

「上原さんが尋問されたら大変ですね。『か、か、か、借りてません』……って感じじゃ、おどおどしていて嘘をついてると思われかねないですもん」

「そういう話し方とか、表情とかの証人の挙動も証拠方法にしていいのよ。それが弁論の全趣旨であり、証拠方法の無制限なの」

証拠共通の原則

「二つ目の証拠力の自由評価には、どんな具体例があるのですか?」

祐一は仁美に質問した。

「さあ、どうかな。証拠力の自由評価ってことは、要するに、どのような証拠資料からどのような事実を認定するかは裁判官の自由ってことなのよね。そうすると、例えば、自分ではなく相手方が提出した証拠から、自分に有利な事実認定をされることもあるということ。どちらが提出した証拠でも、どちらに有利にも不利にも認定していいということよね」

「こわいですね。そうすると証拠の提出は慎重にならないと」

「そうなのよ。自分に有利な記載がある文書だからといって証拠提出したとしても、他方で、相手方に有利な記載も混じっていたとしたら、相手方がその証拠を援用しなかったとしても、裁判官はその証拠を相手方に有利な事実として認定してしまっても構わないの。これを証拠共通の原則っていうのよ」

「あれ、それも弁論主義のときにやりましたよね」

「よく気づいたわね。でも厳密に言うと、弁論主義の章で勉強したのは主張共通の原則よ。主張レベルのお話ね。いま勉強したのは証拠共通の原則よ」

> 主張共通の原則…主張レベル
> 証拠共通の原則…証拠レベル

「佐伯君被告事件で十三万五千円を振り込んだことが書かれている銀行の利用明細票あったわよね。あれを一部は弁済しているという証拠で提出して、弁済の抗弁を認めてもらおうとしたとしましょう。そのときに、相手方であるウォッチェさんが……」

「ウォッチェの野郎です」

「そう、その野郎さんがね、「いやいや十三万五千円の振込みなどされていません」って主張するわよね。きっと」

「訴状で三十一万五千円全額請求しているくらいですから、そうだと思います」

「そのときに、ウォッチェの野郎さんが、佐伯君が証拠提出した利用明細票の記載について何も触れていなかったとしても、裁判官は判決を書くときに、「被告は十三万五千円について銀行振込みで弁済した旨主張するが、被告が提出する利用明細票に記載されている振込先は『カ）モジモジウォッチュ』であり、原告ではない。したがって、これを採用することはできない。」なんて感じで、証拠提出をした佐伯君に不利に認定することも自由だということなのよ」

「でも、仁美先生。銀行のＡＴＭで代金の振込みをするときに、指定されたとおりの口座番号を入力してカタカナで『カ）モジモジウォッチュ』と画面上に出ていたとしても、普通は自分が商品を買った『株式会社もしもしウォッチェ』と違う会社だとは思わないんじゃないですか」

「そうね。いいポイントよ」

「いいポイントっていうか、僕のことですから、実体験ですし、必死なんです」

「いずれにしても、いいポイントよ」

「はあ」

上告理由

「証拠力の自由評価の具体例の一つ、証拠共通の原則は、さっきいったように、相手方が援用していなかったとしても、自己が提出した証拠を相手方に有利な事実の認定に使ってよいという法則だったわよね」

「はい。それでこんな非常識な認定まで許されてしまうようで甚だ心外です」

「そう。その非常識な認定というのが大事なポイント。証拠共通の原則は、あくまで相手方の援用がない一方当事者が提出した証拠でも、裁判官は相手方に有利な事実の認定に使っていいですよという原則に過ぎないの。その際になされる証拠評価は当然常識的なものであることが前提なの」

「よかったです。僕の気持ちが通じて」

祐一は胸を撫で下ろした。

「証拠共通の原則といっても、常識的な判断に反するような証拠の認定まで許されるわけじゃないの。当たり前といえば当たり前だけど。これを民事訴訟法的に説明すると、証拠共通の原則といえども、経験則違反の認定は許されず、そうした認定をした場合には上告理由に該当するといったりするわ」

民事訴訟法は、第二審で敗訴した当事者が、その判決に不服がある場合に、最高裁判所に上告する権利を認めている。

もっとも、上告はできる場合が制限されていて、上告理由に該当することが必要となる。この上告理由の一つとして「判決に影響を及ぼすことが明らかな法令の違反があること」がある。

経験則違反はこの「法令の違反」に含まれると解されているのだ。

ノンリケット（真偽不明）

「さあ、これで自由心証主義はわかったわね」

「はい。証明ではなく疎明ぐらいの心証です」

「確信まではできてないけど、一応わかったということね。いいじゃない。十分よ」

仁美は笑った。

「じゃあ、証明責任に戻りましょう。証明責任とは一体なんなのか。まずは、どんな場面で必要になるかを考えてみましょう」

「どんな場面で必要か……ですか。うーん」

「証明責任は、どのような責任だったかしら」

「敗訴責任です」

「そうすると、証明できなくて敗訴するような場面よね。それと裁判官の自由心証主義との関係を考えてみて。自由に証拠方法をくみ取って自由な評価をして心証をとっていいのよね、裁判官は」

「ああ、わかりました」

「どんな場面？」

「やっぱりわかりません」

「どてっ。何よ、それ。まあいいわ。証明とは裁判官がその事実があることについて確信した状態よね。確信できれば問題ないわよね。証明されたのだから、その事実に基づく法的効果が発生して終わり。十三万五千円振り込んだという事実を裁判官があると確信したら、これが証明されて、十三万五千円を被告が原告に弁済したという法的効果が発生するの。でも、振り込んだといえば振り込んだような気もするし、正直なところ、どちらが真実なのかわからないという状態もあり得るわよね」

「はい」

「そういう場合に証明責任が初めて登場するのよ」

裁判官がある事実について、存在するのかしないのか心証をとれない場合を「真偽不明」という。あるいは「ノンリケット」という。

証明責任は、この真偽不明で登場する概念なのだ。

「つまりね、裁判官は、原告から裁判を求められ、被告も応訴をした以上、その事件についてきちんと判決を書いて紛争を解決させる義務があるわよね。裁判を受ける権利の裏返しで。もちろん和解で終われば判決を書く必要はないけど、和解も成立しない。訴えの取り下げもない。となれば、訴訟が係属している以上、裁判官は判決を書く必要があるの」

「大変なお仕事ですよね。同情します。僕の事件の真実は僕が知っていますけど」

「ホントに知ってるのかしら?」

「えっ?」

「なんでもないわ。だから、弁論主義の下、両当事者が主張や立証活動を行ったものの、結局、裁判官には確信を得られる状態じゃなかったというときでも、『判決は書けません』と言って逃げるわけにはいかないのよ。そんなときに登場する便利な道具が証明責任なの。なぜなら、真偽不明のときは、その事実はなかったものと認定される結果、証明責任を負っている側が証明できないリスクを負うことになるからよ」

「じゃあ、振込みの事実があったかなかったか『ようわからん』と裁判官に思われたら、僕が負けるわけですね」

「十三万五千円を弁済したという抗弁は立たなくなるわ。ただ、ほかにも、錯誤無効や詐欺取消しの抗弁があるから。すぐ負けというわけではないわよ」

「なるほど。非常に勉強になりました。それで僕の事件は、どうなるんでしょうか？」

祐一は気が気でならなかった。

なにしろ、場合によっては三十一万五千円と遅延損害金を払わなければいけなくなるのだから必死だ。大学生にとっては破産寸前の金額である。

「佐伯君被告事件は、いろいろ証拠を集めて検討する必要があるわ。そもそも論なんだけど、佐伯君は本物っぽいコメガのアクアゲットを腕にはめてるわよね。それに、少なくとも現在のウォッチェの野郎さんのホームページには、その時計と同じ商品が消費税込みで三十一万五千円と表示されていたわ」

弁護士の仕事は当該事件の事実調査も重要になる。仁美は、祐一の話を聞いて、すぐにもしもしウォッチェのホームページをチェックしていた。

「仁美先生。クライアントを疑うんですか」

「真実発見には必要よ。訴訟活動のためにもね」

コメガの真相

上慶大学のキャンパスには中庭と呼ばれるスペースがある。この中庭に法学部クラスメイトの仲良し三人組が集合していた。

太陽が照りつける晴天の中庭で、三人はベンチに腰掛け、たわいもない話をしていた。

「そうだ。俺さあ。歌ポンのバイトで稼いでお金貯まったから、前から欲しかった腕時計を買ったんだよね」

吉村が嬉しそうに言った。

「なんだ。どんな時計だよ。見せてみろよ」

村田は、法律に関係のない会話でも、いつも上から目線だ。

「じゃん！　コメガだ！」

吉村は鞄のなかから大きな箱を取り出した。

高級腕時計の箱は異様に大きい。存在感十分でいかにも高そうな雰囲気が漂っている。

「なんだ。腕時計なのに箱に入れてるのかよ。意味ないじゃないか」

村田が皮肉った。

「そんなこと言って、欲しいんじゃないの？　村田も。勉強ばかりしてないでバイトしたら買えるぜ。少し頑張れば」

「そうだよ。村田も買えばいいじゃん」

祐一はコメガをすでに持っていたので、試験組の同士でありながら、村田に対して冷たく言った。

吉村とコメガ仲間になってしまったのは複雑な心境だが、まさか全く同じ時計ではないだろう。祐一は同じ時計でないことを祈りながら、吉村が箱を開けるのを凝視した。

「じゃん！　じゃん！　どうだ。アクアゲットの『０７０２１１』」

吉村が手のひらに載せたその腕時計は、祐一の腕時計と瓜二つだった。

「おいおい。俺の時計マネしたのかよ」

祐一が不機嫌そうに言うと、吉村が返した。

「えっ、佐伯もコメガ持ってたの？　知らなかった。見せてよ」

「ほら。これだ。全く同じアクアゲットさ」

吉村は祐一が差し出した左手の腕時計を見つめた。五秒ほどして吉村が即答した。

「違う。これは、コメガのアクアゲットだけど種類が違うやつだよ。よく見てごらん。俺のは、左側の九時を指す位置あたりにあるスモールセコンドが白いでしょ。祐一のはシルバーだ」

「ホントだ」

村田が、吉村の鋭い指摘に感嘆の声を上げた。

「それに、右側の三時を指す位置あたりにあるカレンダーも大きさが少し違うんだよ。祐一の方が大きくなっている。もっというと時計の大きさも三ミリほど祐一の時計の方が大きい。俺の時計は十四万円で買えたけど、佐伯の時計は四十万円くらいするやつじゃないか。すごいなあ」

「ああ確かに。ん？　佐伯、どうしたんだ？　顔色が悪いみたいだけど」

祐一は青い顔をしながら答えた。

「吉村、お前、時計オタクだったんだな。……ありがとう」

「ありがとう？」

吉村と村田は意味がわからず顔を合わせた。祐一はスタスタとその場を去った。

ウォッチェの真相

祐一はコメガの腕時計に興味を持っていた。しかし、吉村と違い、細かい種類の違いまでは理解していなかった。

ネットカフェに直行した祐一は、インターネットでコメガのアクアゲットを検索した（☆4）。

すると、祐一が買った腕時計はアクアゲットでも「０７０７２７」と呼ばれるもので、ネット販売でも三十万円以上はすることがわかった。

他方で、吉村が買ったアクアゲットは「０７０２１１」と呼ばれるもので、祐一の時計より旧式のものであること、値段もネット販売の相場が十三万円前後であることがわかった。

祐一は嫌な汗が脇の下を流れるのを感じた。

「ネットで申し込んだ商品はもともと『０７０７２７』の方だったんだ。『０７０２１１』だと勘違いしてクリックしてしまったんだ。多分そうだ。夜遅かったし」

「ん？　でも、いまはウォッチェさんのホームページには『０７０２１１』は掲示されていない。なんでだろう？」

祐一は匿名で株式会社もしもしウォッチェに電話をした。

「もしもしウォッチェでございます」

ワンコールする間もなく、きちんとした雰囲気の若い女性の声が受話器に登場した。

「あの、お聞きしたいことがあるのですが」

「どうなさいましたでしょうか？」

「御社のホームページでコメガの腕時計の通信販売がありますよね」

「ございます」

「アクアゲットの『０７０２１１』は置いてないんですかね？　以前はあったような気がしたのですが」

「申し訳ございません。『０７０２１１』は価格がリーズナブルなため人気商品でして、現在は品切れの状態でございます。古いタイプのため、弊社では次の入荷も未定の状態です」

「そうですか。今年の四月くらいには在庫がありませんでした？」

「ございました。『０７０２１１』は今年の四月九日に最後の一品のお申し込みをいただき、完売となっております」

祐一がコメガのアクアゲットを買ったのが四月十日なので前日である。

「まずいなあ。クリック間違えだな、これは。でもそうだとしても、振込先の会社名はおかしいぞ」

祐一は呟いた。

「はい？　なんでございましょう？」

受話器越しの女性の声が、不信感を持ったトーンに変わった。

「すみません。なんでもありません。ところで、御社の名前はもしもしウォッチェさんでよろしいんですよね。もじもじウォッチュさんではないですよね？」

「その件でございますね」

「その件？？」

女性が続けた。

「弊社は四月二十八日に社名変更をし、いったん、もじもじウォッチュになったのですが、お客様から不評でして、一か月後の五月二十八日にすぐに社名を元に戻しております。ご迷惑お掛けしております」

解決策

「仁美先生、大変です」

祐一は冷や汗を垂らしながら仁美に電話をした。

「あの時計、どうやら僕が注文するとき勘違いして三十一万五千円の商品を購入する手続をしてしまったみたいです」

「そうだと思ったわ。佐伯君、そそっかしいし」

「でも、十三万五千円はちゃんとウォッチェさんに振り込まれているといえそうです」

「なによ。急にさんづけで。野郎じゃなかったの？」

仁美は笑いながら続けた。

「ちなみに、その件も承知していたわ。さっきネットで調べていたら、社名変更の件もわかったの。会社のホームページにも出ていたわ。わかりにくいわよね。全額請求してきたのは、きっとウォッチェさんのチェックミスでしょう。錯誤無効や詐欺取消しの抗弁が無理でも、十三万五千円の弁済の抗弁は立つ。そうすると、あの時計そのものを手放したくないのなら、差額の十八万円と遅延損害金を払うことになるわよ」

「無理です。そんな大金。十三万五千円が精一杯だったんですから。一円たりとも上げることはできません」

祐一は沈んだ声を受話器に放り投げた。

「佐伯君がもともと買おうと思っていた時計は、十三万五千円の型の方なのよね」

「そうです」

「その時計は今でもその値段で買えるの？」

「なんでそんなこと聞くんですか？」

「十八万円を払いたくないなら、とっておきの方法があるからよ」

「とっておきの方法？？　なんですか、それ」

解除の抗弁

仁美のアドバイスで祐一はクーリングオフによる解除の抗弁を主張した。

クーリングオフは、電話勧誘販売等で認められている。クーリングオフとは、クーリングオフ等について説明した法定書面を受け取った日から八日以内であれば無条件で解除できる制度である。

そして、法定書面には特定商取引法の定めで絶対的記載事項があるところ、祐一が受け取った法定書面には絶対的記載事項がいくつか欠けていたのだ。

「絶対的記載事項を欠く書面を送っただけでは、「法定書面を受け取った」ことにはならないのよ。だから、いつでもクーリングオフができるの」

不思議な縁

クーリングオフによる解除の抗弁を出し、既払いの十三万五千円について返還請求をする反訴をした。

反訴とは、本訴の目的である請求または攻撃防御方法と関連する請求を目的とする場合に、被告の側で原告に対して提起する訴えのことである。

本訴ではクーリングオフによる解除の抗弁が認められ、ウォッチェの請求は棄却された。他方で、祐一の反訴は認められ代金十三万五千円と遅延損害金が返還された。

もちろん三十一万五千円の「０７０７２７」は返還したが、返金された代金と若干の遅延損害金を元手に祐一は別の腕時計を買った。

吉村と同じ時計は避けたかったので、コイダブリシーを量販店で購入した。


「仁美先生のおかげです。証明責任や自由心証主義の勉強もできたし、被告やクライアントの立場を経験することもできました。先生のアイデアで訴訟にも勝って万々歳です。ありがとうございました」

祐一は目を輝かせながら、仁美にお礼を言った。

「どういたしまして。時計もよかったわね。結果的に、お友達とのバッティングもさけられたんでしょ」

「そうなんです。なんだか、とってもハッピーです」

祐一の喜ぶ顔を見て、仁美も心から嬉しそうな笑みを浮かべた。

腕時計の紛失が仁美との出会いを誘因し、次なる腕時計の購入で訴訟に巻き込まれた。けれど、結果的には訴訟にも勝訴し、新しい腕時計も買えた。

祐一は腕時計の不思議な縁に感謝せずにはいられなかった。

☆1　平成二十九年の民法改正（平成二十九年法律第四十四号による改正）により、現行法では、当事者の合意のみで成立する諾成的消費貸借も認められている（民法五八七条の二。書面でする消費貸借等）。

☆２　平成二十九年の民法改正により、現行法では、錯誤は「無効」ではなく「取消し」の事由に変わっている（民法九五条一項）。

☆３　平成二十九年の民法改正により、現行法では、消滅時効の期間は、原則として五年または十年になっている（民法一六六条一項）。

☆４　ガラケー時代であり、スマホが普及していなかった当時は、すぐにインターネットによる検索をすることができなかった。

第6章 なんでもかんでも訴訟にできる？

あらすじ

この章では、普通だったらこんなことでは裁判をしないだろう、そんな訴えをしたら税金の無駄使いじゃないかと思われるような事件が、次から次へと登場します。

主人公（佐伯祐二）の彼女（三浦優美）が「私より法律が好きと言ったことを確認してもらう」という訴訟、別れた愛人に高額の手当を請求する訴訟、自分は被害を受けていないのに新聞で報道された詐欺事件の加害者に対して違法行為の確認を求める訴訟など。

さらに、第3章で幸せな結末を迎えたと思っていた江藤玲子が、売れっ子ミュージシャンになった元彼に対して企みを考え、もう一度訴えたいという電話を祐一が受けるなど、様々な事例が登場します。

◉主題◉

いわゆる訴えの利益が主題です。訴えの利益は淡々と概念を学習するのが一般的ですが、もともとは「馬鹿げた訴訟」を排除することに意味があります。

そこで、常識的にあり得ないと思うような事例から、訴え提起は認めても良いように思える微妙な事例まで、多くの事案をみていただきます。

具体的な事例をみて、単に「馬鹿げた訴訟」と言って終わらせるのではなく、訴えの利益の具体的判断基準に照らして結論を導く作業を繰り返し行います。

具体例を通じて、訴えの利益の意義とその判断基準を体得していただくことを目的としています。

◉論点◉

・訴えの利益
・訴えの利益（一般的要件）
・確認の利益

第13話　馬鹿げた訴訟？——前編

カップルのケンカ

「優美が俺を訴えるとしてさ」

「また私が訴えるの？　何度も言ってるけど私、祐一と違って裁判好きじゃないわよ」

「たとえばだよ、仮の話、その方が」

「わかりやすい……からね」

春の柔らかい風が二人を暖かく包んでいる。

月曜日だというのに、長閑な昼下がりの公園で、ベンチに腰掛けて談笑している大学生のカップル。端から見れば学生の特権を存分に活用したデートのようにも見える。

しかし、実際に祐一が振る話題は、二人がいる空間には馴染まない民事訴訟法の議論ばかりだった。

優美は少々うんざりしている。

「祐一は本当に法律の話が好きよね」

「それは将来のためだからさ」

「将来のためね。ふーん」

「なんだよ。ふーんって」

「ねえ、祐一は法律と私どっちが好き?」

またいつもの質問だ。司法試験の勉強を始めてから祐一は耳にタコができるくらい優美からこの質問を浴びせられている。

本当のところ、法律の勉強は楽しいし、優美のことは好きだし、そんなものを比べること自体が無理な話である。とはいえ優美の機嫌を損ねてもいいことはないので、いつもはこう答えている。「もちろん優美だよ」

けれど祐一は、この日ばかりは民訴《みんそ》の話がしたくてたまらなかったので「えっ? いまは法律」とぶっきらぼうに言った。

「最悪。帰ろうかな」

優美は来た道を振り返り、ひとりスタスタと歩き始めた。

「なんだよ急に」

「『なんだよ急に』って、あなた今、私より法律が好きだって言ったのよ。信じられない」

「そんなこと言ってないじゃないか。法律と優美は比べるものじゃないし」

「言ったわよ。法律だって」

「言ってない」

祐一は頑固なところがある。

「ああそう、じゃあ訴えてやるわ」

優美は真顔で言った。

「えっ? 何を訴えるのさ」

祐一は困惑したが、訴えという響きには好奇心のセンサーが反応してしまう。

「だから、祐一が私より法律の方が好きって言ったことを確認してもらうの、裁判所に。確認の訴えってあるんでしょ。この前教えてくれたじゃない。本人訴訟っていうのもあるみたいだから、私ひとりでやるわ」

「無理だよ。そんな訴訟できない」

「なんで？」

「なんでって、そんな馬鹿げた訴訟を裁判所が相手にするわけないじゃないか。だいたい目撃者もいないし証拠もない」

「それもそうね。でも私は訴えるわよ。あなたのデリカシーのなさを裁判官と傍聴人の前で披露するの、素敵じゃない？」

「それはとっても素敵だね。でも残念ながらそんな訴えはできない」

「なんで？」

「なんでって、だから馬鹿げてるじゃないか」

「ふーん、法律の素人の私が聞いても説得力がないわよ。佐伯先生、先生の好きな民事訴訟法の理論からちゃんと説明してよ」

法律家である以上

「それで答えられなかったの？」

村田と吉村は口を揃えて、祐一に尋ねた。

「だって馬鹿げてるじゃん。そんなの裁判所が受け付けるわけないだろう」

「でも、法律家は民事訴訟法上どうして『佐伯祐一が三浦優美に対して法律の方が好きと言ったことを確認せよ』という確認訴訟を提起できないのかについて、きちんとした説明ができないといけないんじゃないの」

吉村がもっともな議論をした。

「いやいや、馬鹿げた訴訟には付き合えないって。だいたいそんな訴えする人いないでしょ。優美だって冗談で言ってるわけだし」

「もしいたらどうする？　世の中いろいろな人がいるものだよ」

村田も祐一を尋問した。

「なんだよ、二人して。検事調べか」

「答えは何なの？」

吉村が村田に聞くと、村田は吉村にだけ耳打ちした。

「なるほど。さすが法律オタクの村田だ」

仁美に助けを求める

「仁美先生聞いて下さいよ」

「なによ。朝っぱらからどうしたの、佐伯君。寝癖ついてるわよ」

「えっ、そうですか。今日ちゃんとセットしてきたのに」

「冗談よ」

「仁美先生も馬鹿にしてるんですか。ほんと女性は馬鹿げたことを言うから困ります」

「彼女と喧嘩でもしたの？」

「それが馬鹿げた質問をされてですね。でも馬鹿げているんですけど、実はきちんと答えられなくて……」

祐一は恥ずかしそうに顔を赤らめた。

「どうしたの？」

「いや先生。本当に法律のど素人の意味不明な質問なんですけど、確認訴訟という訴訟類型があるといっても、何でもかんでも訴え提起できるわけじゃないですよね。たとえば仁美先生が私に寝癖がついてるという嘘を言ったことの確認を求める訴訟とか」

祐一は、優美から質問された話をそのまま仁美にするのは気恥ずかしかったので、質問を変えた。

「いいんじゃないの」

「えっ？　できるんですか」

「冗談よ。結論から言うと不適法な訴えになるわね」

「そうですよね。そんな馬鹿げた訴訟。そもそもテープに録音してたわけでもなければ、目撃者もいませんし立証できません」

「うーん、佐伯君。ちょっと勉強不足みたいね。民訴の基本的知識があればひと言で片付けられる問題なんだけど。立証は関係ないわ。仮にテープでばっちり録音していて証明できたとしても、不適法な訴えになるわ」

「そりゃあそうですよ。こんな下らない訴訟に国民の税金を使って裁判するのは公益にも反しますから」

「そうね。訴えが却下《きゃっか》されるわ」

「そうでしょうね」

「佐伯君。敗訴になる理由、まだわかってないでしょう」

仁美はからかった。

「全然わかりません。仁美先生、後生ですから教えて下さい」

「いいわよ。優秀な村田君に馬鹿にされちゃうもんね。ちょっとこれから外部の法律相談に行ってくるから午後戻ってきたらやりましょう」

弁護士会の法律相談

「どうぞお掛けになって下さい」

ある団体の法律相談センターの相談室。個室形式の相談室がいくつかある。三十分五千円で誰でも弁護士に法律相談ができる。十五分延長すれば延長料金が二千五百円発生する。

こうした外部の法律相談は時間が限られているし、訴訟のように弁護士として受任すべき事件まではいかないものも多い。要するに困っていることがあるので、法律の専門家に聞いてみたい。そういったレベルの法律相談が実際は多い。

「弁護士の内川仁美といいます。相談カードはお持ちですか」

目の前に腰掛けた相談者は二十代後半の女性だった。容姿端麗いわゆる美人だが、どこか影がある。仁美の目にはそう映った。

「相談カード。あっ、これです。お願いします」

相談カードはA4サイズ一枚で表と裏に記載事項がある。表の上の欄には相談者の名前や年齢、住所、電話番号などが書かれている。下の欄にはどういった相談事項なのか記入する欄がある。そこにはひと言「契約違反」と書いてあった。ただし、詳しい事情は書かれていない。それを聞くのが法律相談である。

「井川かおりさん、今日はどういったご相談でしょうか」

「弁護士の先生には言いにくい話なのですが、半年ほど前からお付き合いをしていた男性がいまして……その……」

「どうしました?」

「でも飽きられちゃったみたいで……」

「ええ」

「二か月くらい前から会ってもらえなくなったんです。メールしても返事も来ないし」

「電話とかはされたんですか」

「連絡はいつもメールだったので、よほどの用がない限り電話はしないお付き合いでした。相手にもご迷惑お掛けしますので」

「お仕事がお忙しいのかしら」

「いえ……あっ、いや経営者なので仕事は忙しい方でした。ただ……」

「ただ?」

「電話をしない付き合いだったのは、相手の男性が結婚されていたからです……いわゆる愛人です」

「ああ、なるほど。二か月くらい前からメールは全く返事がないのですか」

「たまにメールをもらえるときもあるのですが、仕事が忙しいから会えないとか、そういう素っ気ないメールばかりです」

「それで交際を続けたいわけですか」

「はい。私も生活が苦しいので」

「生活が?」

「ええ、私音楽をやっているんです、ピアノなんですけど。音楽だけで食べていくのは大変です。衣装代など高額な出費も多いんです」

「それでどうされたいんですか」

「毎月百万円のお手当ということで交際していたのですが……」

「百万円?!」

仁美は目が点になった。

「ええ。物凄いお金持ちなので私に月に百万円くらい大した額じゃない方です。私以外にもいそうだし。それで彼は私と別れても音楽のための資金として毎月百万円の援助を続けてくれると言っていたんです。さすがに一生払えとまでは言いませんが、別れてから一年間分くらいは欲しいのです。これからコンサートなどもあり大変なので」

「うーん」

仁美は頭を抱えた。

「先生、約束は約束です。これは契約違反にならないんですか。裁判を起こせるのであればお願いしたいです」

権藤法律事務所では……

「佐伯君、いまこんな相談があったんだよ。あまりない相談なんだけど、佐伯君の勉強にはなりそうだ」

仁美がいない権藤法律事務所で電話番をしていた佐伯に、仁美の兄弁《あにべん》の鈴木が声をかけた。

「どんな相談だったんですか」

「いやね。話は単純さ。AさんがBさんに一千万円の機械を売却しました。Bさんは代金の支払時期になっても代金を払いません。そこでAさんは売買代金一千万円を支払えという訴訟を提起し勝訴判決をもらい確定しました」


一審の判決が出て勝訴しても二週間は敗訴した当事者が控訴《こうそ》できる期間がある。これを控訴期間というが、この控訴期間を経過しても控訴がされていない場合、一審の判決は初めて確定する。これを確定判決という。


「ところがBさんは一円も支払いませんでした」

「そんなことあるんですか」

「あるよ。民事訴訟法だけ勉強しているとわからないかもしれないけど、判決が出ても払わない人はいる。そんなときは確定判決に基づいて別途民事執行という手続をとる必要があるんだ。ただこれも費用がかかるから、なるべくなら任意に支払ってもらった方がいい。それでAさんはこう言うんだ。判決が出たのに支払わないなんてBさんはけしからん。日本に住んでいながら裁判も無視するとは非国民か。頭にきたからもう一度訴えてやりたいって」

「お金を回収するためには執行すればいいじゃないんですか」

「そうなんだけど、Aさんも変わった人で、というか相当頭にきたみたいで同じ訴訟をもう一度したいって言うんだ。見せしめみたいなものかね」

「見せしめですか。そのAさんも女性ですか」

「いや男性だよ。なんで？　まあいい。でさ、この訴えって民事訴訟法上どういう扱いになるのかな。これが問題」

「そんな馬鹿げた訴訟ちゃんちゃら笑っちゃいますよ。判決で確定している以上、また同じことを繰り返すなんて裁判の無駄です」

「そうだね。で、そういう訴えは民事訴訟法上なんていうの？」

「判決で勝っている以上訴える必要がない」

「うん。だからそれをなんていうのさ」

祐一は答えに窮した。

「重要な概念だぞ。明日までの宿題ね」

懐かしい女性の声

トゥルルル。

「権藤法律事務所でございます」

祐一が電話に出るとどこかで聞いたことのある懐かしい女性の声がした。

第6章
なんでもかんでも訴訟にできる？

「佐伯君ね、玲子です。覚えてます？」

九年間交際してきた売れないミュージシャンに貸金返還請求訴訟を提起したものの、訴えを取り下げた仁美のクライアントである。

「はいっ、覚えてます。お元気ですか？」

「それがね、頭にきてるのよ」

「どうされたんですか？」

「昨日の夜テレビの音楽番組を見ていたら、あの男が出てたの。私と別れてからメジャーデビューしたみたいで」

「玲子さんは彼と別れていたんですか」

「決まってるじゃない」

「えっ、でも、二人の幸せのために訴えを取り下げたって内川から聞きましたけど」

「だから二人の幸せのために裁判はやめて、すっきり別々の道を歩んだ方がいいと思ったのよ。でも昨日のテレビによれば彼のシングルいまヒットチャート三位。インターネットでみてもかなり人気が出てるようなの。それで、あっ私ひとりでしゃべっちゃってすみません。内川先生いらっしゃいますか」

興奮していた玲子が、少し落ち着きを取り戻した。

「あいにく内川はいま外出中です。午後に戻りますので折り返しお電話するよう伝えましょうか」

「じゃあ、内川先生に言っておいて。あの訴え、取り下げたけどもう一度やりたいって」

「また馬鹿げた訴訟……」という言葉が出掛かったが祐一はそれを飲み込んだ。

「承知いたしました」

でも、これは馬鹿げた訴訟とまではいえないのかもしれない。訴えを取り下げたけど、やはり訴えたくなったという気持の変化はありうることだ。しかし、それを繰り返しできるとすれば、訴えられる側は何度も応訴せざるをえなくなり、法的安定性がなくなるようにも思える。

「馬鹿げた訴訟とそうじゃない訴訟の区別って、どうやってするんだろう」

仁美が法律相談を終え事務所に戻ってきた。

「佐伯君、法律相談でも同じ論点の相談があったわよ。愛人関係にあった女性が交際中に約束してくれた音楽活動の援助として毎月百万円の支払を裁判所に求めたいって」

「それも馬鹿げた訴訟ですね。恥ずかしくないんですか、その女性は」

「さあ、お金が必要みたいだったけど」

「これは理由がわかります」

「あら、今日は後半の方が冴えてるわね。前半ダメダメだったからかしら」

「民法で勉強しました。ホステスさんに独立資金を払うって言った男性がホステスさんから訴えられた裁判で、そういった請求はダメだといった大昔の判例があったと思います」

「そういうところはよく覚えているのね。そうね。当事者で勝手に契約するのは自由だけど、裁判所は救済しませんってことね。こういう債務を自然債務というの」

「それも民法の先生が言ってた気がします」

「でも、これはあくまで民法の話よ。実体法上の話ね。訴訟法上はどういう理屈になるのかしら」

「わかりません」

「どてっ。やっぱり後半はダメね。まあこれも朝話していたのと同じ論点だから仕方ないか」

「ところで先生。玲子さんから電話がありましたよ」

「あら懐かしいわね。どうしたのかしら」

「売れないミュージシャンが遂に売れたみたいです」

「あらそう、よかったわね。いいのか悪いのかよくわからないけど。別れたみたいだし」

「えっ、でも二人の幸せって……」

「だからそれを考えて別れたんでしょ」

「女性の考えは馬鹿げた訴訟の話に限らず、理解不能です」

「佐伯君は、まだまだそっちのお勉強も足りないのよ。で、玲子さん何だって？」

「売れないミュージシャンが売れたから、取り下げた訴えをもう一度したいって」

「ええー、ほんとに？　まあそれはいいわ。説得すれば大丈夫でしょう。玲子さんのことだから。冷静になれば大丈夫。ところで、これも……」

「馬鹿げた訴訟の一類型ですね。でも、もう一回くらいやらせてあげてもいい気もします。判決もらったわけじゃないですし」

「いいポイントついてるじゃない。訴え取下げの効果よ、わかる？」

「わかりません」

「だと思ったけど。訴え取下げをすると再訴禁止効《さいそきんしこう》というのが生じるの。要するにもう一度同じ訴えはできませんってこと。でも、これは佐伯君が言うように、判決をもらったのにもう一度やり直すのは訴訟経済上不都合だという理由なの。だから判決が出る前に取り下げた場合は、もう一度提訴することはできるのよ。もう答えを言うけど、今日出てきた問題は全て『訴えの利益』の問題よ」

「訴えのリエキ?.?.」

第14話 馬鹿げた訴訟？——後編

他人の巨額詐欺事件

権藤法律事務所に向かって歩いていた祐一に、突然、老人が話しかけてきた。老人は風呂敷包みを持っていた。

「けしからん」

「けしからんと思わんかね、君は」

祐一がキョトンとしていると、老人はさらに続けた。

「けしからんよねえ。楽勝ファイナンスの事件。顧客から大量のカネを集めていながら、運用せんで自分たちの懐《ふところ》に収めていた。詐欺事件じゃよ。今日の朝刊に載っとる。けしからんと思わんかね」

「そのうち被害者から損害賠償請求されるんじゃないですか」

祐一が少し面倒くさそうに答えると、老人は眉間にシワを寄せて声を上げた。

「そんな人ごとでいいのかね！　日本の未来をしょって立つ若者が。だからニート君は困る」

「ニートじゃないですけど。私は大学生です」

祐一は真面目に答えた。

「ニートみたいなもんじゃや、そんな考えしておっては。しょせん君は他人事としか思っておらんのじゃろう。私はこれから東京地方裁判所に提訴するんじゃよ。訴状を今したためている」

「その風呂敷の中に……ですか」

「そうじゃよ」

祐一は少し同情した。また、訴えを提起すると聞いて、にわかに関心が出てきた。

「大変ですね。相当な被害だったんですか」

「そうじゃろう。新聞には総額三十億円の被害金額と書いておった」

「おじいさんも相当な被害に遭われたんでしょうね」

「は？」

老人は目を丸くした。

「ワシは何の被害にも遭ってないぞ。ワシはこの事件とは関係ない。ただし！」

「ただし……なんですか」

「他人事ですますわけにはいかんのじゃ。提訴をする。被害者は泣き寝入りするかもしらんので、ワシが先駆けて、楽勝ファイナンスが違法行為をした事実を確認する裁判をしようと思っとる。じゃあ」

老人はそう言うと、胸を張って東京地裁に向かった。

「なんだ。自分は被害者でも何でもないのに提訴するつもりなんだ。これも、馬鹿げた訴訟……じゃなくて、訴えの利益のない訴訟にあたりそうだな」

「おはよう。どうしたの？　ブツブツ独り言なんかいって」

顔を上げると、仁美が祐一の顔を覗き込むように迫ってきた。

「今日は訴えの利益の続きやるわよ。午前中は来客ないし。朝一番で終わらせちゃいましょう」

弁護士の仕事

権藤法律事務所には狭いながらも会議室がある。ホワイトボードもあり、所内の弁護士同士が共同で事件をやるときなどに利用している。

「朝からそんなことがあったのね」

祐一は朝の出来事を話した。

「でも、ちょうどいい素材じゃない。そのおじいちゃんの訴えはどうなるのかしらね」

「不適法じゃないですか。馬鹿げた訴訟だし」

「佐伯君。おじいちゃんは社会問題として関心があるわけだし、世を正そうと思ってるのでしょう」

「まあ、そうかもしれませんが」

「だとしたら、馬鹿げたなんていっちゃダメよ。これからあなたは法律家になるんだから」

「はあ。でも他人のことなんですよ、法律関係としては」

「そうね。それは民事訴訟法的には的確な答えね。結論としては……」

「不適法な訴えとして却下されます」

祐一が仁美を制して答えた。

「正解。じゃあ理由は？」

「馬鹿げた……じゃなくて訴えの利益がないんだと思います」

「ないんだと思う……か。そこは正確に答えられるようにならないとね。まずは司法試験があるわけだし。

今日はその辺をしっかり勉強するわよ。でも、おじいちゃんみたいな人は世の中に結構いるわ。法律家はあくまで現行法の解釈と適用のもとで、一つの結論を出し、それを正確にクライアントにアドバイスをしてあげる必要があるわ。けれど、それは最低限当然の仕事なのよね。いまは佐伯君は判例や通説から的確な答えを導けるようなリーガルマインドを身につけることが肝心だけど、弁護士になったらそれだけでもダメなのよ」

法科大学院も設置され、新司法試験合格者が輩出され始めた。つい数年前までは新しく法曹となる者が年間千人だったが、二千人を超えるようになり、近いうちに三千人時代が到来するという（☆1）。弁護士は裁判官や検察官と違い、法律を使うだけでなく、顧客を獲得しなければならない。経営と営業が必要になる。

そのため、現行法の解釈として「そのような訴えはできない」という回答をするだけで終えてしまえば事件はやってこなくなる。

「ダメなものはダメなんじゃないですか。じゃあ先生は、もしその爺さんから依頼を受けたら提訴するんですか。確実に負けますよ」

「おじいちゃんが訴えることは無理よ。もちろんそれだったら受任しないわ」

「ほら、そうじゃないですか」

「まあいいわ。まずは民事訴訟法の勉強をしましょう。今の佐伯君は基本もできてないからね」

「ひどいですよ！　まあ、そうですけど」

「さあ、やるわよ！」

訴えの利益とは

「まずは、おじいちゃん事件から」

「おじいちゃん事件って……」

「いいじゃない。わかりやすくて。弁護士になったら、一度にたくさんの事件を抱えるようになるから、ひと言でわかる事件名をつけることも大事な技術よ。まあ、それは余談だけど。おじいちゃん事件に訴えの利益がないのは、どうしてかしら？」

「自分の権利に関係ないからだと思います」

「そうね。民事訴訟法では、訴えを適法に提起するための要件として、訴えの利益があることが必要。これは裁判所という国家機関が国民の税金を投入してまで解決するに値する事件かどうかを判断するための要件なの。もちろん、原告としては自分の要求として訴訟をしたい。でも、他方で訴えられれば、応訴しなければいけない被告もいるわよね。訴えを提起するということは、応訴を余儀なくされる被告と、これを裁く裁判所を登場させることになる。裁判所を利用したいという原告の裁判を受ける権利は当然尊重されるべきだけど、他方で裁判に時間と費用をかけざるをえなくなる被告と裁判所がいる。税金を納めることで裁判所の運営費用を負担する国民がいる。こうした背後にいる人たちの納得を得られる事件に絞りましょう、ということ。裁判所という資源を使える事件は、こうした観点から一応限定がなされてるの。これが訴えの利益よ」

「なるほど。民訴の教科書を読むより、はるかによくわかりました。具体的にはどういう基準があるんですか」

「なんで佐伯君が私に質問するのよ。まあいいわ。佐伯君の寝癖事件、元愛人お手当て事件、玲子さん事件、それからAさん再訴事件。ちょうどたくさん関連事件があるから、それぞれ、どの要件の問題か考えながら聞いてみて」

「せ、先生」

「なに？　佐伯君」

「なんでAさん再訴事件を知ってるんですか？」

「ああ、鈴木先生から伝言受けたのよ。急な案件で出張になったみたい。今日までの宿題だったんでしょ。鈴木先生も佐伯君には期待しているみたいよ」

祐一は少し嬉しくなった。そして、やる気が出てきた。

おじいちゃん事件は「法律上の争訟《そうしょう》」ではない。

「訴えの利益には一般的要件として次のようなものがあるのよ」

そう言うと仁美はホワイトボードに次の四つを書いた。

（訴えの利益の一般的要件）
①法律上の争訟であること
②起訴が禁止されていないこと
③当事者間に訴えを利用しない特約がないこと
④確定判決後に同一の訴えを提起する場合でないこと

「ほかにも細かく考えると色々あるんだけど、まずはこの四つを押さえることが重要よ」

「こうやって整理するとわかりやすいです」

「おじいちゃん事件はどれにあたりそう？」

「うーん。禁止も特約もないと思いますし、二回目の訴えでもないでしょうから……あっ」

「どうしたの？」

「あの爺さんだったら、三回目くらいかもしれません」

「佐伯君。そうかもしれないけど、ここでは仮定の話はなしよ」

「冗談ですよ。消去法で①しかありません。でも、法律上のソウショウって何ですか？」

「これは裁判所法に規定があるの。裁判所法三条一項を開いてみて」

祐一は六法で裁判所法を探した。

「ありました」

「じゃあ、読んでみて」

（裁判所法）
三条一項
「裁判所は、日本国憲法に特別の定めのある場合を除いて一切の法律上の争訟を裁判し、その他法律において特に定める権限を有する。」

「先生、さっきは訴えの利益という要件で民事訴訟をできる対象を限定するというお話でしたよね。でも、この規定をみると、『一切の法律上の争訟』となっていますよ。『一切の』なんて広いイメージがしますけど」

「もちろん。おじいちゃん事件で少し話したけど、国民の裁判を受ける権利が憲法で保障されている以上、訴えを提起したい原告の意思は広く尊重してあげるべきなの。判決で勝訴できるかは別としてもね。訴えの利益がないとなればいわば門前払いだから。でもね、あくまで『法律上の争訟』になってるでしょ」

「ここが限定のポイントなんですね」

「そのとおり。『法律上の』だから『事実上の』争いではダメなのよ」

「ああ、わかりました。私の寝癖事件……変な事件名ですけど、これは、私に寝癖があるって仁美先生が嘘をついたかどうかという『事実』の確認を求める訴えだから、訴えの利益がないんですね。だから①です」

「正解。単なる事実の存否を対象にするものは『法律上の争訟』ではないから、訴えの利益を欠き、不適法却下されるのよ」

「それから、元愛人お手当て事件もこれですね。訴訟をしても追及できない自然債務だと民法で習いました」

「そうね。①の法律上の争訟は、佐伯君が答えたように、単なる事実の存否を対象とするものや、裁判上主張できない自然債務などが具体例として考えられるのよ。調子いいじゃない」

玲子さん事件とAさん再訴事件

「それから、玲子さん事件は②の問題ですかね。一度訴えを取り下げているので、再訴禁止効が生じてないか問題になります」

「そうね。これは前回、話したけど、玲子さんは一審判決が出るまでに訴え取下げをしているから、再訴禁止効は生じないわ」

「問題になるけど、訴えの利益はありってことですね。じゃあ、訴えるんですか？　玲子さん」

「玲子さんのことだから、少し落ち着けば大丈夫だと思うわ。前もそうだったでしょ。元カレの活躍でちょっと頭にきたのよ。オリコンチャートが落ちてくれば『やっぱりやめます』っていうんじゃないかしら」

「玲子さんなら、そんな感じがしますね」

「Ａさん再訴事件はどう？」

「えーと、それは④ですね。確定判決後に全く同じ訴訟をするわけですから、訴えの利益なしです」

「原則はそうよ。でも残念。鈴木先生の事件では不正解よ」

「えー、なんでですか？　判決は確定してるんですよね？」

「そうよ」

「同じ訴えですよね？」

「全くね」

「じゃあ、馬鹿げた訴訟……じゃなくて、訴える必要がないんじゃないですか」

「それが、鈴木先生の事件は必要がある場合だったみたいなの。なんでかわかる？」

「わかりません」

「どてっ。今日は中盤がダメダメ君ね。訴え提起の効果を考えてみて」

再訴でも訴えの利益がある場合

「それは意味がなさそうだね」

上慶大学の大教室は学生で賑わっていた。祐一がAさん再訴事件を話題にすると、吉村は意味がなさそうだと答えた。

「そう思うだろ」

祐一は仁美から答えを聞いていたので、もったいぶった。

「なんだよ。違うのかよ。俺は法学部だけどお前らと違って司法試験目指してないから、ほんとのところ裁判のことなんてどうでもいいんだけど。でも、村田ならわかるんじゃない？　なあ、村田どうよ」

「簡単さ。民訴の本ならどの本でも載ってる問題だぞ」

仁美との会話をベースに勉強している祐一には痛い指摘だった。とはいえ、身近な友人が高いレベルの知識を持っていることは励みになる。

「時効中断のため……だろ？」（☆2）

「さすが村田」

祐一は感嘆した。

「勝訴判決が確定したといっても、それから十年経過していたようなんだ。確定判決から十年経過すると消滅時効にかかってしまうんだ。でも訴えを提起すると消滅時効を中断させることができるんだよね。それで、確定判決後の同一の訴えは原則として訴えの利益がないけど、こういう特別の事情があって訴えをする必要性が認められるときは、例外的に訴えの利益が認められるんだ」

「佐伯もだんだん貫禄が出てきたね。法律に関しては」

吉村がからかった。

「法律に関してはって何だよ？　ひどいなあ」

確認の利益

「仁美先生。結局、爺さん事件は、そのホワイトボードだと、どの要件なんですかね？　やっぱり『法律上の争訟』ではないってことで①ですか」

「『法律上の争訟』は、正確には、当事者間の具体的な権利・義務の存否に関する争いで、判決によってこれを解決できるものをいうと解されているのよ」

「じゃあ、爺さん事件は……」

「おじいちゃん事件よ」

「爺さん事件です。爺さん事件は、楽勝ファイナンスとその被害者という他人の権利・義務の存否を争うものだから、『当事者間の』という部分で切れるんですかね」

「そう考えていいわ。ただ、ホワイトボードに書いた①～④は、あくまで訴えの利益の一般的要件としての整理よ。確認の訴えの場合は、より具体的な要件も整理されているの。今日は深くはやらないけど、次の点だけは頭の片隅に入れておいて。確認の訴えは、一千万円支払えというような給付の訴えと違って、今回みてきたように基本的に何でもかんでも確認してもらおうと思えば色々思いついちゃうわよね。それから、確認したところで、それを執行できるわけじゃないわ。一千万円支払えっていう給付判決なら、それでも払わなければ強制執行できるの。でも、甲さんに対して私は一千万円の貸金債務を負っていませんという確認判決をもらっても、執行するものはないわよね。確認の訴えは、こういった特殊性があるから、次のような三つの視点で訴えの利益を判断するの。これを確認の利益などともいうわ」

そう言うと、仁美はホワイトボードに確認の利益の判断のポイントを書いた。

（「確認の利益」判断のポイント）
①対象が適切か
②即時解決（即時確定）の必要性があるか
③方法が適切か

「簡単に説明するわね。①の対象の適否は、これだけ覚えておいて。原則は、自己の、現在の、権利・法律関係の積極的な確認でなければならないの。おじいちゃん事件は『自己の』ではないから確認の利益なしね。②は紛争がまだ起きてないのに予め確認しちゃおうなんてのはダメというもの。③は他に方法があればまずそれを使いましょうというもの。一千万円支払えという給付を求める訴えができるのに、それをしないで一千万円の支払義務があることの確認を求めると訴えの利益なしになるわ。もちろん、これらは全て原則という話だけど。例外が認められるかどうかの細かい論点はもっと勉強が進んでからでいいわ」

「ありがとうございます。馬鹿げた訴訟と思えるときは、訴えの利益の問題だと思えばいいわけですね」

「まあそういうことよ」

仁美の成果

その後、仁美は楽勝ファイナンスに対する損害賠償請求事件を受任した。

弁護士の話を聞きたいと執拗にせがまれ、祐一が老人を仁美に紹介したところ、実は老人の知人が何人も被害に遭っていることが発覚したのだ。老人の紹介を受け、仁美は合計五億円を超える巨額の損害賠償請求事件を受任した。

☆1　実際には三千人合格という時代はやって来なかった。令和五年（二〇二三年）度の合格者数は一七八一人である。平成二十年（二〇〇八年）度からから平成二十五年（二〇一三年）度の六年間は合格者が二千人を超えていたが、その後の合格者数は毎年二千人を超えていない。

☆2　平成二十九年の民法改正により、現行法では「時効の中断」は「時効の完成猶予」になっている。「裁判上の請求」をすると、これが終了するまで時効の完成は猶予され（民法一四七条一項一号）、確定判決（確定判決と同一の効力を有するものを含む）によって権利が確定した場合、裁判上の請求が終了した時点からあらたに時効は進行することになる（時効の更新。民法一四七条二項）。

第7章 二つの事件

あらすじ

八十九歳の老人、戸久留谷《とくるや》天楽《てんらく》が内川仁美に連れてきた友人島《しま》広志《ひろし》。彼が楽勝ファイナンスの巨額詐欺事件の原告の一人となって損害賠償請求訴訟を提起します。

この章で登場するもう一つの事件が、主人公（佐伯祐一）の彼女の姉である相川真理の離婚問題。

二つの事件の代理人となった仁美は、マスコミにも注目を浴びる社会的問題と、よくある家庭内問題を同時に手がけます。

◉主題◉

民事訴訟は手続法です。手続法は始まりと終わりがあり、その一つの流れをテーマとしています。したがって、比喩的ではありますが、入口と出口を理解することが民事訴訟法の学習にとって非常に重要になります。

入口では訴えの種類、出口では判決の種類をメインテーマとしていますが、調停前置主義や不服申立前置主義、既判力、上訴、民事訴訟法と民事訴訟規則の関係などにも触れています。

◉論点◉

・訴え提起
・訴えの種類（給付の訴え、確認の訴え、形成の訴え）
・調停前置主義、不服申立前置主義
・判例
・判決の種類
・既判力
・上訴
・民事訴訟法と民事訴訟法規則

第15話 出口と入口——前編

ワシも被害者？

「ワシの訴えはダメじゃった」

楽勝ファイナンス詐欺事件は、老人を投資に勧誘し、巨額の資金を得ながら、会社はその資金を運用せず全て懐に入れていた悪質な事件である。

被害に遭った老人たちの誰もがまだ提訴していなかった時期に、一人勇敢に立ち上がった老人がいた。名前は戸久留谷《とくるや》天楽《てんらく》。祐一の目の前にいる老人だ。戸久留谷はＡ４サイズ二枚ほどの紙を握りしめている。

「だって、戸久留谷さん、被害に遭ってないんですから。仕方ないですよ」

「ある意味、ワシは被害者じゃ」

「どうして戸久留谷さんが被害者なんですか。楽勝ファイナンスに投資してたんですか」

「みなに先駆けて提訴したんじゃ」

「知ってますよ、それは。提訴の日、私と会ったじゃないですか。風呂敷包みに訴状をしたためて『他人事ですますわけにはいかんのじゃ。提訴をする。被害者は泣き寝入りするかもしらんので、ワシが先駆けて、楽勝ファイナンスが違法行為をした事実を確認する裁判をしようと思っとる』って意気込んでましたよね」

「そ、そ……」

「どうしました?」

「そうじゃっけ?」

「どてっ。戸久留谷さん、しっかりしてそうでやっぱり年ですね。おいくつなんですか」

「八十九歳じゃ。そんなことどうでもいい。それに、今のは惚《とぼ》けただけじゃ。覚えとる。よく覚えとる。ニート君との出会いはよく覚えとる」

「だからニートじゃなくて大学生ですって。これでも弁護士を目指して勉強してるんです。戸久留谷さんに仁美先生紹介してあげたの誰だったか忘れたんですか」

「……」

「ちょっと黙らないで下さいよ」

「……紹介してくれたの君じゃったか?」

「そうです。都合が悪くなると何でも忘れるんですね」

祐一には答えず、戸久留谷は続けた。

「却下《きゃっか》じゃよ、却下。ワシの楽勝ファイナンスへの違法確認の訴えは却下されてしもうた。楽勝ファイナンスのせいで苦痛を受けた。ワシも被害者じゃ。見てくれ、ニート君。この判決を」

訴え却下判決

「だからニートじゃないですって」と言いながら、祐一は戸久留谷から二頁しかないＡ４版の紙ペラを受け取った。

戸久留谷の訴えは、あっさりと却下されていた。訴え却下の判決だった。

「ひどいじゃろ」

「戸久留谷さん。でもしょうがないですよ」

「なんでじゃ？　なんでしょうがないのじゃ」

「これは馬鹿げた訴訟……じゃなくて、訴えの利益がない訴訟なんです。楽勝ファイナンスは確かに詐欺事件を起こして多くの老人が被害に遭いました。でも戸久留谷さんは楽勝ファイナンスに投資していないし、何の被害も受けてないですよね。他人間の行為について確認を求めても、確認の利益がないって判断されちゃうんですよ。民事訴訟法のルールです」

「そうじゃったのか」

「わかってくれました？」

「いや全然……」

「どてっ、ひどいなあ。一生懸命わかりやすく話したのに」

「すまんの。でも一つだけわかった。ニート君はまだまだ勉強が足らない。それだけはわかった。でも、足らなくて当然じゃ。まだ若いからのお。あっはっはっは」

突然大声を上げて戸久留谷は笑い出した。

「だめだ。こりゃ」

訴えの利益がある島広志

「しかし、広志ちゃん、いつまでたっても来んのお」

祐一は権藤法律事務所の最寄り駅で戸久留谷と待ち合わせをしていた。知人で楽勝ファイナンスの被害に遭ったという島広志《しまひろし》を紹介してもらうためだ。

老人同士で場所もわかりづらいだろうということで、祐一は仁美から二人の案内役を命じられたのだ。

「天楽《てんらく》さんや～」

そのとき駅の改札出口から老人のこもった大きな声が飛んできた。それに戸久留谷が笑顔で答えた。

「おお～。広志ちゃん」

現実に楽勝ファイナンスの詐欺に遭い被害を受けた島広志が登場したことで、少なくとも訴え却下はされない訴訟が可能になった。

祐一は、老人二人を引き連れ、権藤法律事務所に戻った。

「いらっしゃい。おじいちゃんたち」

仁美の爽やかなお出迎えに、二人の老人は嬉しそうな表情をした。

「べっぴんさんじゃのお。ニート君とは大違いじゃ」

「ひどいなあ。さっきからこんな感じなんですよ」

「いいじゃない。このおじいちゃん二人から、佐伯君は出口と入口を学べるんだから」

「出口と入口？？　ってどういうことですか」

「出口って改札の出口とでも思った？　もちろん民事訴訟の出口と入口よ」

「民訴《みんそ》の出口と入口ですか」

「そう。さあ、今日もはりきっていきましょう。佐伯君、おじいちゃんパワーに負けないでね」

訴え提起とは

「仁美先生。ところで、なんで入口と出口じゃなくて、出口と入口なんですか。普通は入口から入って出口だと思いますけど」

「民事訴訟の順番としては、もちろん、入口から入って、最後は出口に辿り着くわ。ただ、今日は、出口まで来ちゃった人がいるから。そして、これから入口に入ろうとしている人がいる」

仁美はそう言うと、二人の老人に目をやった。

「そういうことですか。出口っていうのは……」

「ワシのことじゃな」

戸久留谷が、持っていた訴え却下の判決を持ち上げた。

「そうよ。戸久留谷さんは出口に来ちゃった」

「でも、天楽さんの意志は私が引き継いだ。私がこれから入口に立つのじゃねえ」

「おお〜。広志ちゃん頼もしいのお」

二人の老人は目を潤ませて手を握り合った。

「なんだか盛り上がっちゃってますけど」

「感動的な話ね。さて、佐伯君。二人が盛り上がってる間にちょっと聞いて。民事訴訟の基本中の基本をこれからお話するから。いままでは、基本的な原則や理論を勉強してきたけど、そもそも民事訴訟の始まりと終わりってどういう形をとっているのか。今日はそういうお話よ」

仁美は盛り上がっている老人二人を横目に話を続けた。

「民事訴訟は、訴え提起をすることによって始まるの。もうそれはいいかしら。民事訴訟を一本の筒にたとえると、筒の入口は、原告にとっては訴え提起よ。他方で、被告にとっては、原告から訴え提起をされて、訴状が裁判所から送達されたときなの。訴状が被告に送達されたときを民事訴訟が裁判所に係属《けいぞく》した状態になるっていうわ」

「原告が裁判所に提訴した段階では、まだ訴訟係属の状態ではないんですか」

「原告が裁判所に提訴した段階では、まだ被告は自分が提訴されたって知らないわよね、普通は」

「そうだと思います」

「原告が裁判所に訴状を提出して、その訴状が裁判所から被告のもとに郵送されるの。これを送達《そうたつ》というけど。そうすると、被告も訴え提起をされたことを知る。このとき初めて原告と被告の双方の当事者が対立する形になるでしょ。だから、この時点を訴訟係属というのよ」

「なるほど」

訴状が被告に送達されて、初めて二当事者対立の構造ができる。この時点で、特定の裁判所に特定の原告被告の訴訟が係属した状態になる。

「入口があれば出口があるわね。すでに出口に来た人がいるけど。民事訴訟という筒の出口は通常なんだかわかる？」

「判決です。戸久留谷さんは、訴え却下の判決をもらってました」

「そうじゃ。被害者なんじゃよ、ワシも」

「あらあら戸久留谷さん。ご自分のことは敏感ね。このように、簡単にいうと民事訴訟という筒は、訴えという入口から入って、通常は判決という出口から出て終了ね。といっても、この入口と出口も、実は色々な種類があるの。これまで勉強した中で、それとなく出てきたと思うけど、今日は入口と出口を整理しましょう」

「出口と入口じゃ」

「そうじゃのお。天楽さんの出口が先じゃったからのお。先輩じゃ」

「戸久留谷さんも、入口があったでしょ。入口があったから、今日出口に来たんじゃない」

「ニート君との出会いのときじゃね」

訴え提起には訴状という書面が必要か？

「まずは入口から始めましょうか。あら、おじいちゃんたちお昼寝かしら。すやすや眠ってるわ。眠っているうちに入口を片付けちゃいましょう。入口はもうだいたいわかってるわよね」

「はい、訴え提起です。えーと、訴え提起をする側、つまり原告が訴状を書いて、裁判所に提出します」

「そうね。訴状を書いてっていうところがポイントね。訴え提起をするためには訴状を作成する必要がある。つまり口頭での訴え提起は認められないということよ」

法律上、訴え提起は訴状を裁判所に提出することが要請されている。したがって、口頭での訴え提起は許されない。

もっとも、簡易裁判所では、書面が要求されていないので、法律上は口頭でも訴え提起が可能である（☆1）。

「このように、民事訴訟法のような手続法では、法律上、その手続に書面が要求されているのか、口頭でもよいのかという点を常に意識すると勉強がはかどるわよ」

「なるほど。訴え提起は、訴状という書面が必要なんですね」

「そういうこと。ちなみに、これは実務的な話だけど、訴えを提起するためには、手数料を裁判所に納める必要があるのよ。前に勉強した訴訟物《そしょうぶつ》ってあるわよね。この訴訟物の価額を算定して、その額に応じて裁判所に納める手数料も変わってくるの。手数料は印紙を貼って納めるのよ」（☆2）

「訴状に訴訟物の価額とか印紙代とか書かれているのはそういう意味なんですね」

「それから、予納郵券《よのうゆうけん》といって、要するに郵便切手だけど、訴訟の書類の送達などで裁判所が使う切手も予め原告が納めるのよ」

「へえ、そうなんですか」

「通常の民事訴訟だと一審では六千四百円。当事者が増えると額も少し上がるけど、これは送達のための費用だから、訴訟物の価額が上がっても変わらないわ。ちなみに、訴訟の出口に来たときには、使わなかった郵便切手は原告のもとに戻ってくるのよ」（☆3）

「弁護士に依頼すると着手金とかの弁護士報酬もかかりますよね。けっこう費用がかかるんですね」

「ええ、そうよ。弁護士としては、依頼者に、訴訟の費用を予め教えてあげる必要があるわ。いま佐伯君が言った弁護士報酬。それから実費として、裁判所に納める印紙代と予納郵券。この三点は必ずかかるものだから、実務的には重要よ。司法試験には出ないけどね」

「司法試験には出なくても、実際の民事訴訟がイメージできるので役に立ちます」

ヒクション！

昼寝をしていた島がクシャミをして突然目を覚ました。と思うと、仁美に質問をした。

「先生。重要なことじゃね。私も依頼者じゃから。払う金がいくらなんか知りたいのお」

「もちろんこれからお教えしますよ。佐伯君、ちょうどいいから印紙代を調べてみて」

「えー？　どうやって調べるのかわからないですよ」

祐一は困惑した。

「いつも事務の石井さんが確認してくれるのよ。あとで石井さんに教えてもらってみたら」

「わかりました。島さん、待っててくださいね」と祐一が言うと、島は再び眠りについていた。

印紙代の算定

「石井さん。印紙代ってどうやって出すんですか」

祐一は、事務のベテラン石井恵利に教えを乞うた。

「簡単よ。印紙代は訴訟物の価額と対応させた早見表があるから。これを見るだけ。巷では計算ソフトもあるけど、早見表でも簡単にわかるわよ」

そう言うと、石井は、弁護士職務便覧という本を祐一に手渡した。

島の被害総額は約五千万円で、訴訟物の価額は五千三百十二万三千二百円だった。

早見表を見ると、印紙代は十八万二千円だった。

「訴訟物の価額が上がれば上がるほど裁判所に納める印紙代も多くなるんですね。三億円を求める訴訟だと印紙代だけでも……九十二万円だ。うひゃあ」

祐一は驚いた。

「裁判所の運営費用だから、それが高いか安いかは感覚の問題でしょうね。佐伯君、次からは提訴のとき印紙代チェックしてね」

石井は嬉しそうに祐一を見つめた。

形成の訴え

「さあ、佐伯君。印紙代は調べたみたいだから、次は入口の種類を勉強しましょう。訴えにはいくつか種類があるけど、何だかわかるかしら。これまでやってきたから少しはわかるんじゃない？」

「うーん。このまえ馬鹿げた訴訟……じゃなくて、訴えの利益で確認の利益をやりました。なので、まずは確認の訴えがあります」

「そうね。戸久留谷さんは、自分が被害を受けていないのに楽勝ファイナンスの詐欺行為が違法であることの確認を求める訴えをしたわね。これは確認の訴えの一つ。確認の利益なしで却下されちゃったけど」

「なんじゃや。ワシの傷をえぐるつもりか」

戸久留谷が寝息を立てながら寝言を言った。

「なんだ。寝言だったんだ。確認の訴えっていうと、これからそのたびに戸久留谷さんを思い出しそうです」

「いいじゃない。戸久留谷さんの例で思い出したら。難しい概念は具体例で覚えるのが一番なの。さて、あと二つあるわ。訴えの種類」

「一千万円支払えって訴えられた上原さんがいました。あれは金銭の支払を求める訴えだから、確認の訴えじゃないですよね」

「そう。それを給付の訴えというの。特定の給付を求める権利を主張して、給付判決を求める訴えのことよ。さあ、あと一つ」

「うーん。確認の訴えと給付の訴え以外には思いつきません」

「佐伯君。いつもの後半病かしら」

「いえ。わからないものはわかりません」

「頑固ねえ。三つ目は形成の訴えよ」

「ケイセイノ訴え？？　ですか。整形されちゃいそうですね」

「形成外科じゃないから。判決によって新しい形を作るっていう点では整形手術と似てるかもしれないけど。まあこれは冗談として、形成の訴えは、身分関係とか会社関係の訴えが多いのよ。例えば、離婚訴訟とか、株主総会決議取消しの訴えとか。身分関係とか会社関係は、それが社会的事実として基礎をなしていて、これを前提に多くの権利関係を築いていくものだから、法的に安定していることが求められるの。それで、こうした権利関係や法律関係を変動させるための要件を法律で規定して、こうした要件があると裁判所が認めたときに、判決によって権利関係や法律関係の変動を発生させる訴えの種類が作られたのよ」

「なかなか難しいですね」

「そうね。形成の訴えは、ほかの二つと違って馴染むまで時間がかかるかも。でも、これも具体例で覚えてしまえば大丈夫。離婚の訴えと株主総会決議取消しの訴え。この二つを具体例として覚えちゃいましょう」

「はい」

「それで、それぞれの効果が発生するための法律上の要件を考えるの。これを形成要件というわ」

「離婚だったら民法に規定がありました」

「そうね。なんて書いてあった」

「民法七七〇条には、裁判上の離婚として、こう書いてあります」

（裁判上の離婚）
民法七七〇条
夫婦の一方は、次に掲げる場合に限り、離婚の訴えを提起することができる。
①配偶者に不貞な行為があったとき。
②配偶者から悪意で遺棄されたとき。
③配偶者の生死が三年以上明らかでないとき。
④配偶者が強度の精神病にかかり、回復の見込みがないとき。
⑤その他婚姻を継続し難い重大な事由があるとき。

「この五つが離婚の訴えの形成要件よ。どれか一つがあると裁判所が認めれば、原則として離婚判決という夫婦の身分関係に変動を生じさせる形成判決が下されるわけ」

「浮気が形成要件で、君たち夫婦は別れろと裁判所に言われ戸籍を変えられちゃうのが形成判決ですね。そういう判決を求めて、浮気された奥さんが裁判所に提起する訴えが形成の訴えなんですね」

「そう、そのとおり」

「具体例で考えると、わかりやすいです」

祐一は形成の訴えの意味が具体的にわかった気になり満足気な顔をした。

「会社関係の具体例として挙げられる株主総会決議取消しの訴えはどうかしら」

「会社法八三一条に三つの形成要件が書かれています。読みます」

①株主総会等の招集の手続又は決議の方法が法令若しくは定款に違反し、又は著しく不公正なとき。
②株主総会等の決議の内容が定款に違反するとき。
③株主総会等の決議について特別の利害関係を有する者が議決権を行使したことによって、著しく不当な決議がされたとき。

「そうすると、たとえば株主総会で決議した内容が会社の定款に違反していたということが形成要件で、これがあるとなった場合には、裁判所からその株主総会決議は取り消すという会社関係の変動をもたらす形成判決が言い渡されるわけですね」

「そうよ。ただ、これらは実体法上の話、つまり民法や会社法の話だけど、こうした形成要件があると裁判所が判断したとしても、全体的にみて、いったん誕生したカップルを離婚させたり、いったん有効に効力が発生した総会決議を取り消したりするほど重要な事情ではないと考えれば、形成判決は言い渡さないことができるの。これを裁量棄却《ききゃく》というわ」

「裁判所が裁量で請求を棄却するんですね」

民事訴訟の入口と出口

「民事訴訟の入口って知ってる？」

上慶大学のキャンパスから少し歩いたところにある喫茶店で、祐一は村田と吉村に問いを投げかけた。

「なんだ。その比喩的な問題は？」

吉村が冷笑した。

「訴え提起のことかな」

村田が吉村の冷笑をよそにクールに答えた。

「さすが村田」

「その訴えにもいろいろな種類があるんだけど、わかる？」

「また法律オタクな感じかあ。お手上げ」

吉村は煙草の煙を燻《くゆ》らせた。

「給付の訴え。確認の訴え。形成の訴え。この三種類だ。給付の訴えにはさらに現在給付の訴えと将来給付の訴えがある」

村田は淡々と答えた。

「じゃあ、出口は？」

祐一は口述試験の質問者のように次の質問をぶつけた。

「出口か。通常は判決だろ。判決であれば、請求認容判決か棄却判決。あるいは訴え却下判決だ」

「なんだか外国語みたいだな。法律オタクの話にはついていけないよ」

吉村は口述試験顔負けの質問者と受験生の問答を傍観し、いつもの感想を述べた（☆4）。

民事訴訟という筒

民事訴訟を一つの筒にたとえると、訴え提起という入口と判決という出口がある。入口である訴えにも三つの種類がある。給付の訴え、確認の訴え、形成の訴えの三つだ。

この三つの定義を考えると、例えば形成の訴えであれば形成判決を求める訴えとなる。形成判決は出口である。

こう考えると、訴えの種類は一つの筒の総称であり、その出口の違いで訴えの種類という一つの筒も色が変わってくることがわかる。

第16話　出口と入口——中編

人生と民事訴訟法

祐一が上慶大学に入学して三年と少しが経つ。卒業するための単位が取れなかったり、法科大学院入学に失敗したりしたとしても、いずれは上慶大学を卒業するときが訪れる。

司法試験の勉強に目覚めた祐一は、大学三年生の春に大学の学生部に貼り出されていた求人案内を見つけ、権藤法律事務所で事務のアルバイトを始めた。そこで、内川仁美との出会いがあり、実務をみながらレクチャーを受ける毎日が続いている。

そんな祐一にも、いつかは法科大学院に合格し、あるいは司法試験に合格し、権藤法律事務所を去るときが訪れるだろう。

もちろん、合格後、祐一は権藤法律事務所に入所し、仁美とともに実務家として弁護士活動に邁進するかもしれない。そうなったとしても、いずれは祐一も独立するときが来るだろう。

入口があれば必ず出口がある。永遠に続くかのように錯覚するほど長い筒の入口に入ったとしても、必ず出口はやって来る。その繰り返しが人生であり、たくさんの筒の総体を人生と考えれば、人生は一本の筒にたとえることもできる。

同じように、民事訴訟も入口と出口で構成された一本の筒にたとえることができる。その入口は、通常は、訴えの提起であり、出口は判決である。

この筒は一種類ではない。たくさんの種類が用意されている。ひとえに訴えといっても三種類に分類することができる。

給付の訴え、確認の訴え、そして形成の訴えの三種類である。

給付の訴えの例としては、島広志が楽勝ファイナンスに対して提起した五千万円の損害賠償請求訴訟を挙げることができる。五千万円支払えという給付請求権が島にあることを主張して、東京地方裁判所に対して、「楽勝ファイナンスは島に対して五千万円を支払え」という給付判決を言い渡すことを求める訴えだ。

確認の訴えの例としては、戸久留谷《とくるや》天楽《てんらく》が島にさきがけ、楽勝ファイナンスに対して提起した楽勝ファイナンスの投資勧誘行為等が違法であることの確認請求訴訟を挙げることができる。もっとも、戸久留谷は現実には楽勝ファイナンスと契約をしていないし、損害も被っていない。そこで、確認の利益を欠き、訴え却下判決が言い渡された。

形成の訴えの例としては、離婚訴訟が……。

新しい依頼

トゥルルル、トゥルルル、トゥルルル。

電話の呼出音が遠くから聞こえる。

祐一は、ベッドに置かれている電話の子機に無意識のうちに手を伸ばした。そして、目を閉じたまま通話ボタンを押した。

「もふぃ、もすぃ、さえき……です」

「おはよう。寝てた？」

大学生の特権で、バイトがない日の朝は遅い。朝起きると昼過ぎであることなど日常茶飯事である。

電話の主が彼女の優美であることは、寝ぼけている祐一でもすぐにわかった。

「あぁ、寝てたよ。なにどうしたの？　もしかして、今日バイトの日だっけ？」

寝坊癖のある祐一は慌てた。

「違うわ。朝……っていうかもう十二時過ぎてるけど。今日はお願いがあって電話したの」

「ん。どうしたの？　改まって。……まさか馬鹿げた訴訟をしたんじゃないよね」

「そんなわけないでしょ。そこまで私もお馬鹿さんじゃないの。実はね、私の姉がね」

優美の声が真剣だったので、祐一は一瞬にして目が覚めた。

「うん。どうした？」

「実は旦那さんとうまくいってないみたいなの。二か月くらい前から、旦那さんが出て行って帰って来ないみたい。女ができたのかよくわからないけど、もう一緒にはやっていけない、離婚したいという手紙が昨日姉のところに届いたらしい」

「お姉さんも離婚したいって言ってるの？」

「姉は離婚するつもりはないわ。子どもがまだ五歳だし、姉は専業主婦で、札幌の両親とは離れて暮らしているから、一人になるのは大変だって。それに気持ちとしても一緒に暮らしていきたいと言ってるの」

「浮気されたのに？」

「ええ、そう言ってるわ。事情はよくわからないけど。離婚はしたくないって今は思ってるみたい。それでね、祐一の事務所に女性の弁護士いるでしょ。やたらあなたと仲が良い……」

「仲が良いは余計だよ」

「うそよ、冗談。姉は女性の弁護士にお願いしたいって言ってるから、紹介してもらえないかな、仁美先生」

「わかった。お願いしてみるよ」

離婚の危機

「内川先生。このたびはお忙しい中お手間をお掛けしまして申し訳ございません」

相川真理は優美より八歳年上の二十九歳。姉妹だが声が似ているだけで顔はあまり似ていなかった。かわいい雰囲気の優美に比べ、真理はどちらかといえば綺麗系のタイプで上品で大人の色香を感じさせた。

「とんでもございません。大丈夫ですか。佐伯君から少し話を聞いています」

仁美は、この手の事件ではとりわけ気を遣うよう心がけていた。裁判所など自分とは関係のない場所と考えている多くの主婦にとって、まさか自分がという形で、突然、日常に舞い降りてくるのが離婚事件だからだ。

裁判などテレビ番組の世界でしかないから、右も左もわからず精神的に落ち込んでしまう者が多い。特に女性の場合は顕著である。

「あの人とは長い付き合いなんです。交際期間から数えると、かれこれ十年になります」

「そうなんですか」

「ええ、それまで浮気されたことも何度かあります。でも、私はあまり気にしないでいました。最後に戻ってくるのは私だとわかっていましたから。でも、今回は向こうの女性にそそのかされたのか何だかわかりませんが、離婚したいと。調停の申立てをされてしまいました」

「ひどいですね。それでお気持ちはお変わりないんですか」

「離婚するつもりはありません」

真理は即答した。

正夢？

「どうしてあんなひどい旦那さんと一緒にいたいって言うんだろう」

真理が権藤法律事務所を去ると、祐一は仁美に疑問をぶつけた。

「それは人それぞれよ。なにか事情があるかもしれないし。いずれにしても、調停でも真理さんが離婚に応じないと頑《かたく》なに貫けば、どうなるかしら？」

「調停は話し合いですよね。そうだとすると、話し合いがまとまらないということで離婚はできないと思います」

「そうね、その次は？」

「その次……ですか？　うーん。訴訟……ですか？」

「そう、離婚訴訟になるでしょうね。旦那さんの別れたい気持ちが強ければ。もちろん、調停をするなかで、やっぱり離婚はしない、元に戻ります。というケースもあるの。だからこればっかりはやってみないとわからないけど、いままで浮気はしてきたけど、離婚したいとは一度も言わなかった旦那さんが離婚調停の申立てまでするくらいだから、意志は強いかもしれない」

「そうすると訴訟になるんですね。離婚訴訟ですか。あっ、これって……夢の続きだ」

「夢？　何？　正夢でもみたの？」

「ええ、まあ」

「佐伯君。離婚訴訟が正夢ってどんな夢みたのよ？」

仁美は苦笑した。

離婚訴訟は形成訴訟

民事訴訟の入口は通常は訴え提起である。

もっとも、訴訟形態によっては、訴え提起をする前に通らなければならない別の筒が用意されているものもある。

その一つが離婚訴訟である。真理のケースでは夫から離婚調停が申し立てられている。

離婚訴訟はいきなり訴え提起することはできないのだ。

離婚したいと考える場合、夫婦で話し合って合意に至れば、離婚届を役所に提出すればよい。これが協議離婚といわれるものだ。話し合いでまとまれば、裁判所を介在させる必要はない。

次に、夫婦同士での話し合いはできなかったが、どちらかが家庭裁判所に調停の申立てをして、調停の中で離婚することの合意に至るケースがある。これを調停離婚という。裁判所が関与している点で、協議離婚とは異なるが、当事者の話し合いで合意しているという点では協議離婚と同様といえる。

これに対して、調停でもまとまらなかった場合（これを調停不成立とか不調などと呼ぶ）、それでも離婚したいと思う場合、訴訟を提起する必要がある。これを離婚訴訟という。そして、離婚訴訟の結果、判決によって離婚が成立した場合を裁判離婚という。

離婚訴訟は、形成訴訟である。したがって、離婚判決という形成判決を裁判所に言い渡してもらうためには、民法が規定する形成要件を満たしていることが前提となる。

離婚判決が認められるための形成要件は、前回も触れたが次のとおりである（民法七七〇条）。

（離婚判決が認められるための形成要件）
①配偶者に不貞な行為があったとき。
②配偶者から悪意で遺棄されたとき。
③配偶者の生死が三年以上明らかでないとき。
④配偶者が強度の精神病にかかり、回復の見込みがないとき。
⑤その他婚姻を継続し難い重大な事由があるとき。

有責配偶者からの離婚請求

「調停が成立しなかった場合、離婚訴訟になる可能性があるわよね。その場合、裁判所は離婚判決を書けると思う？」

仁美が祐一に質問をした。

「それは離婚した方がいいと裁判官が思えば離婚しなさいって判決を書くと思いますけど、奥さんが離婚したくないって言ってますし……」

「佐伯君、形成訴訟でしょ。これは」

「そうです。夢にまでみた形成訴訟です」

「夢でみたかどうかは知らないけど、形成訴訟だとしたら形成要件を満たさないと形成判決は書けないんじゃなかったかしら」

「あっ、そうでした。そうすると、この場合……、あっ、でも、一号の不貞行為がありそうですから離婚判決になると思います」

「条文の文言上はそうなりそうね。でも、ここで離婚判決に関してとても重要な判例があるの」

「重要な判例ですか？」

「そうよ。民法で習わなかったかしら」

「民法、みんぽう……。あっ、ありました。なにかあった気がします」

「どんな判例？」

「忘れました」

「どてっ。佐伯君病が出たわね。これ重要だから覚えておいて。民法の論点だけど、離婚訴訟で実務上とても重要な判例なの。今回のケースでは旦那さんが女性と浮気している可能性があるわよね。一号の不貞行為って、要するに夫婦ではない別の第三者と性的な関係を持つことなんだけど、旦那さんがこの不貞行為をしていたとすると、訴訟だからこれが立証されたとするとね。自分で離婚原因を作っている側からの離婚請求になるでしょ」

「ええ、そうなります」

「こういうのを有責《ゆうせき》配偶者からの離婚請求っていうの」

「ユウセキハイグウシャ……ですか」

「そう。離婚原因を作った側、つまり責任がある側から離婚を請求しているケースよ」

「なるほど」

「この場合にも形成要件があるとして裁判所が離婚判決を書けるかどうかについては、最高裁の判例があって、かなり限定されたケースでしか認められないようになっているの」

「なんでですか」

「多くの場合、不貞行為は男性側でね。佐伯君も気をつけてね。ってまだ早いか」

「失礼ですねー」

「まあそれはともかく、自分で女性を作っておきながら離婚が認められてしまうと、例えば子どもがまだ小さくて、専業主婦とかで収入も全くない奥さんの場合にふんだりけったりの状態になっちゃうでしょ。だから、次のような要件をクリアしないと有責配偶者からの離婚請求は認められないという判例理論があるのよ。ふんだりけったり判決とか呼ばれてるわ」


（有責配偶者からの離婚請求が認められるための要件＝判例理論）
①未成熟子がいないこと
②相当長期間の別居があること
③相手方を精神的経済的に過酷な状況にしないこと

「すごいネーミングですね。そうすると、五歳のお子さんがいる優美のお姉さんのケースの場合、訴訟になったら離婚はできないんですね」

「そうね。ただ、これは判決の場合よ。あくまで。民事訴訟の出口には判決以外もあるのよ。なんだかわかる？」

「これはわかりそうです。和解じゃないですか」

「そう、そのとおり。離婚訴訟が提起されても、たとえば慰謝料いくら払うとか財産分与をいくらするとか条件が整い、奥さんの側も離婚する気持ちになる場合もあるのよ。その場合は判決ではなく、裁判上の和解をすることで和解条項の一つとして離婚を入れるの。この場合は、協議離婚や調停離婚と一緒で、話し合いで決めることだから有責配偶者とかそういう問題はないのよ」

「なるほど。有責配偶者からの離婚請求が制限されるのは、あくまで判決で離婚する場合の話なんですね」

「民法が規定している離婚判決の形成要件を判例が厳格にしているのは、あくまで裁判官を縛る意味しかないのよ」

判例の意味

最高裁判所が書いた判決で後の裁判の先例となるようなものを判例という。

高等裁判所や地方裁判所といった下級審の判決も、広義では判例というが、先例としての意味合いは最高裁判所のものにのみ認められるものであるため、これと区別して裁判例《さいばんれい》ということが多い。

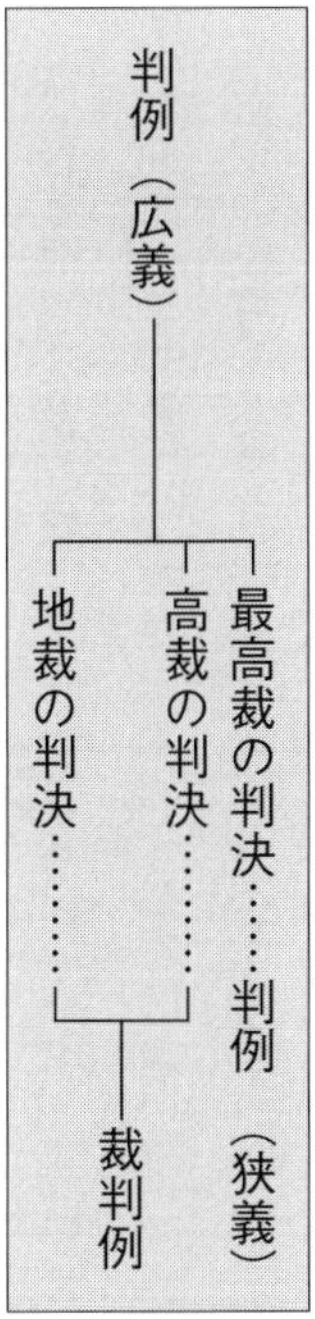

日本は英米法体系の国と異なり、大陸法系の国である。そのため、判例はあくまで裁判所が当該事件を解決する過程で示した理屈に過ぎず、判例そのものが法律と同様の効果を持つわけではない。

しかし、最高裁判所が示したルールは一般的なものについては、類似の事案でも同様の扱いをしないと、異なった法律の適用の仕方がなされ、扱う裁判所ごとで違う結果が生じるおそれがある。これでは不均衡な結果を招いてしまう。

こうした不都合を回避するため、裁判所は、最高裁判所が示したルールが先例としての意味を持つ場合、事実上これを前提に判決を書くことになる。

この場合、判例のルール（判例理論）も国会が作った法律と同様の効果を有することになる。それが、前述の有責配偶者からの離婚請求の例として現れる。国会が制定した法律である民法に規定されている形成要件は上記の五つであるが、判例理論が有責配偶者からの離婚請求については、さらに三つの要件を満たす場合に限るという形で修正をかけているのである。

前置主義

「だからね。離婚訴訟の場合は、まず調停をしないといけないんだよ」

上慶大学の学食でいつもの三人が歓談している。

祐一が得意げに離婚訴訟と離婚調停の関係を話すと、村田が口を開いた。

「調停前置《ぜんち》主義だからね」

「チョウテイゼンチシュギ？」

祐一と吉村の目が点になった。

「佐伯はまた中途半端だなあ。訴訟をする前にまず調停をしなければいけない類型をそういうだろ」

「そうだっけ。知らなかった」

祐一は顔を赤らめた。

「調停をまずしなければいけないのは、離婚訴訟とか身分関係に関するもので、当事者の意思が重要だからまず調停で話し合いましょうということなんだ。調停前置主義の前置というのは、訴訟の前に置くという意味さ」

祐一が呟いた。

「離婚訴訟の場合には、入口の前に調停という筒が置かれているわけか」

「村田は法律家みたいだし、佐伯は哲学者みたいだ。近づかない方がいいかも」

吉村が茶化した。

「そうそう。行政事件なんかも前置主義があったよね」

村田の勉強は相当進んでいる。

「あったっけ?」

祐一は素直に尋ねた。

「うん。行政事件の場合は、通常、行政庁に対して不服申立てをするんだ。異議申立てとか審査請求とかあってね、これらの手続を経てからでないと訴訟はできないとされているよ。不服申立前置主義さ」（☆5）

「ゼンチね。前置」

民事訴訟は私的紛争の解決手段

祐一が大学に入学する前に高校に通っていたように、民事訴訟という筒の前には、調停という筒や不服申立てという筒が置かれていることがある。

また、こうした前置主義が採られていない通常の訴訟でも、当事者同士で話し合いをしたり、内容証明郵便で請求をしたり、訴訟という筒に発展した原因がある。これも一つの筒といえる。

民事訴訟の入口の前には、前置主義という筒がある場合がある。民事訴訟の出口は判決だけでなく和解もある。

こうした構造を採っているのは、民事訴訟という筒が紛争解決の最終手段だからである。その根っ子は当事者間の紛争であり、まずは当事者間で解決できるのであれば民事訴訟という筒を使う必要はない。また、民事訴訟という筒にいったん入ったとしても、あくまで紛争解決の手段に過ぎないため、和解という出口を使い、当事者間で合意をして解決することもできる。裁判上の和解の場合は裁判所が介在するが、たとえば、訴え取下げという出口を使った場合、裁判所をスルーして紛争は終結する。

民事訴訟が私的紛争の解決手段といわれる所以《ゆえん》である。

第17話　出口と入口――後編

二つの訴訟の入口

「姉の調停まとまらなかったみたい。義兄《にい》さんは離婚したい。姉は離婚したくない。『訴訟になった場合、判決では離婚できませんよ』って調停委員の方が説得してくれたみたいなんだけど、義兄さんは『離婚以外考えられない』の一点張りだったって」

優美は淡々と事実を語った。

祐一は法律的にどうなるかを考えながら、優美の話に耳を傾けた。

本件は有責配偶者からの離婚請求であり、未成熟子がいるため、旦那さんが離婚訴訟を提起したとしても、判決で離婚が認められる可能性はないだろう。

「浮気の事実は立証できるみたいだから、訴訟になると義兄さんきついのにね」

「好きな人ができて、その人と結婚したいって言ってるのよ。男の人って自分勝手よね」

優美の目を見た。姉の旦那を非難する女性の目だ。優美と知り合った上慶大学のキャンパスライフも、きちんと単位が取れれば、あと一年と少しで終わりを迎える。大学生活は卒業という出口がある。

優美と僕。二人の出口はどうなるのだろう。

結婚という二文字が、祐一の頭の中を過《よ》ぎった。

今まで人ごとだと思っていた結婚や離婚。自分にとって身近になるときがやがて訪れるのだろうか。

翌日、優美の姉（相川真理）は、旦那から離婚訴訟を提起された。仁美が島広志らの原告訴訟代理人として、楽勝ファイナンスに対する五億円の損害賠償請求訴訟を提起した日だった。

二つの訴訟の出口は？

月日は流れた。

祐一は大学四年生。九月だというのに猛暑のニュースが流れる毎日を、祐一は上慶大学の図書館と権藤法律事務所で過ごしていた。

そんな残暑厳しい九月の昼下がり、仁美が代理人をつとめる二つの事件で判決が出た。

「それでは、判決を言い渡します」

傍聴席に座る祐一は息を呑んだ。

「主文。原告の請求を棄却する。訴訟費用は原告の負担とする。以上です」

被告席に座っていた真理が安堵の表情を見せた。真理が旦那から提訴された離婚請求事件の判決は、予想どおり請求棄却判決だった。

「ありがとうございました」

法廷を出ると、控室で真理が仁美にお礼を言った。

「判例どおりですから。でも、旦那さんが控訴《こうそ》するかもしれません。まだ油断はできません。高裁に行ったとしても、結論は見えてますけどね」

祐一はこれで終わりかと思っていた。

しかし、仁美の言うとおり、第一審の判決が出たに過ぎない。敗訴した当事者が第一審の判決に不服があれば控訴できる。

「内川先生、控訴されたときは、ご面倒だとは思いますが引き続きお付き合いくださいね」

弁護士に訴訟代理人を依頼する場合、委任契約を締結する。この委任契約の範囲は、通常の場合、第一審に限定されている。

そのため、控訴審が開始した場合、新たに委任契約を締結し直すことになる。第一審で敗訴した当事者は、控訴審では別の弁護士に代理人を依頼するというケースもある。


「もちろんです。お任せ下さい」

仁美は即答した。

仁美がいれば安心だ。祐一は思った。

「では私はここで失礼いたします」

真理が去ると、仁美が目を輝かせた。

「佐伯君。彼女のお姉さんの事件はこれでひとまず安心。さあ、次は……」

「いよいよ、楽勝ファイナンスの判決ですね」

「そうよ。でも、まだ判決まで一時間あるわ。佐伯君、日比谷公園の喫茶店でお茶しましょう」

「はい。クールビズの裁判所は冷房がいまいちで暑いので嬉しいです」

祐一は目を輝かせた。

「今日はいい題材が二つあるから、お勉強よ」

「ひょえー。暑くて死にそうなのに」

「男でしょ」

そう言うと、仁美は祐一を喫茶店まで引っ張っていった。

判決の種類

「さあ、始めるわよ。出口の話を総まとめしましょう」

「出口の話ですか。だいぶ前に入口の話をした記憶がありますけど」

「出口の話は時間切れであまりしてなかった。というより、今日の日を待ってたの。実際に判決が出てからの方が良かったから。戸久留谷《とくるや》さんの判決は出ていたけど、あれは確認の利益なしだったでしょ」

「はい。訴え却下判決です」

「そう。それに対して、今日の判決は……」

「棄却判決です」

「ええ。違いはわかるかしら」

「戸久留谷さんの事件は、他人間の事実についての違法確認を求めるもので、確認の利益がありませんでした。そのため、楽勝ファイナンスの行為が違法かどうかという本案については審理されることなく、却下判決が言い渡されました。いわゆる門前払い判決です」

「そうね。それで今日のは？」

「優美のお姉さんの判決は、判例によって有責配偶者からの離婚請求が認められない事案であるにもかかわらず、原告が離婚判決を求めていました。戸久留谷さんの事件と違って原告自身のことですから、訴え却下判決ではなく、本案審理には入っています。けれど、形成要件を満たさないため、請求に理由がない。それで棄却判決です」

祐一は、アイスコーヒーをストローで飲みながら、自信に満ちた表情で答えた。

「暑がりの佐伯君も、お勉強は進んでるようね」

「仁美先生、暑がりは関係ないですよ。ひどいなあ」

「冗談よ。でも、この二つの判決の違い。つまり却下判決か棄却判決かという違い。もう少し抽象的に言うとどうなるかしら？ 民事訴訟法の判決の分類でいうと？」

「わかりません」

「あらら、出たわね。いつもの佐伯君病が。まだ後半じゃないのに」

「今日は最終回みたいですから」

「ずいぶんと言い訳が上手になったわね。正解は、訴訟判決と本案判決の違いよ」

「訴訟判決と本案判決？ ですか」

確定判決の既判力

「そうよ。終局判決は内容によって二種類に分かれるの。戸久留谷さんのように、本案審理に入ってもらう前にアウトの場合は訴訟判決。これは訴えの利益のような訴訟要件、つまり本案審理に入るために満たさなければいけない要件がない場合に言い渡される判決よ。これに対して、真理さんの事件のように、同じ原告敗訴の判決だとしても、請求に理由があるか否かという本案審理をした結果を言い渡す場合は、本案判決というの」

訴訟判決は、訴訟要件を満たさない場合なので、訴え却下判決とイコールである。

これに対して、本案判決の場合、請求を認める認容判決と、請求を認めない棄却判決がある。認容判決でも、請求全部を認める全部認容判決と一部しか認めない一部認容判決とがある。

仁美は続けた。

「さあ。入口にもう一度戻ってみましょう」

「入口って、訴えの種類の話ですか」

「三種類あったわよね」

「給付の訴え、確認の訴え、形成の訴えです」

「そう。その三つの入口だけど、出口ではどうなるかしら。訴訟判決はいいとして、本案判決の場合。認容と棄却で判決の内容も違うのよ」

「判決の内容……ですか?」

「ちょっと難しかったかな」

そう言うと仁美は、Ａ４サイズのノートを鞄から取り出して、次のような表を書いた。

訴えの種類	認容判決	棄却判決
給付の訴え	給付判決	○○判決
確認の訴え	確認判決	○○判決
形成の訴え	形成判決	○○判決

「いい？　三種類の訴えはね、請求が認容された場合は求めたとおりの判決になるわよね。島さんが勝てば、楽勝ファイナンスは島さんに五千万円支払えという給付判決。もしもだけど、戸久留谷さんが勝っていれば、楽勝ファイナンスの行為が違法であることを確認するという確認判決。真理さんの事件で仮に旦那さんが勝っていた場合は、旦那さんと真理さんは離婚せよという形成判決」

「はい、わかります」

「じゃあ、請求が認められなかった場合はどう？　棄却判決の場合よ」

「うーん。給付の訴えの場合、五千万円の請求権はありませんという判決で……、確認の訴えの場合は、楽勝ファイナンスの行為は違法ではありませんでしたという判決です。形成の訴えは……、離婚できませんという判決です。えーと、棄却の場合は、どれも原告の請求を否定するものです。なので、なんでしょう……ダメですって判決ですかね」

「ダメですってことは、原告が求めた請求権は存在しませんということよね。それを裁判所が判決でいっている。そうよね」

「はい」

「ということは、どういう判決になる？」

「あっ、わかりました。原告の請求権が存在しないことを確認する判決です！　だから、確認判決になります」

「正解！　すごいわ。まとめると、棄却判決の場合は、給付の訴え、確認の訴え、形成の訴えのいずれについても、原告の主張する請求権が存在しないこと、つまり不存在の確認判決という意味があるのよ」

そう言うと、仁美は先程のノートに答えを書いた。

訴えの種類	認容判決	棄却判決
給付の訴え	給付判決	確認判決
確認の訴え	確認判決	確認判決
形成の訴え	形成判決	確認判決

「請求棄却の場合に、その請求権が存在しないことの確認判決という意味を持たせることには何か意味があるのですか?」

祐一が仁美に疑問をぶつけた。

「いい質問よ。その審級での審理を終わらせて、その審級を完結させる判決を終局判決というんだけど、この終局判決も、不服申立て期間を過ぎても上訴されない場合は確定判決になるの」

「優美のお姉さんの事件で、旦那さんが控訴しなければ、さっき出た第一審の棄却判決は確定判決になる……ということですか?」

「そうよ。判決書が送達された翌日から起算して二週間が控訴期間なの。これが不服申立て期間ね。この期間内に敗訴した当事者が控訴すれば、今度は高等裁判所で控訴審が行われる。もう一度、別の裁判所で同じ事件を審理してもらえるのね。でも、二週間たっても控訴状が提出されない場合には判決が確定する。話が遠回りになっちゃったけど、この確定判決には前の確定判決と異なる主張を繰り返しできなくなるという意味の効力が生じるの。何て言うかわかる?」

「わかりません」

「既判力《きはんりょく》っていうのよ」

「キハンリョク？　ですか」

「そう。この既判力との関係で、請求棄却判決に当該請求権が存在しないことの確認判決としての効果を生じさせる意味があるのよ」

「わかりました。もし、たとえば、優美のお姉さんの判決が控訴されないで確定した場合、確定したのに旦那さんが離婚請求をまた提起してきたとき。こういうときは、離婚請求の棄却判決が確定しているので、この既判力によって同じ訴え提起はできなくなるんですね」

「そうよ、そうなるの。その場合の判決は？」

「訴え却下判決です。訴えの利益の一般的要件でやりました。確定判決後に同一の訴えを提起する場合でないこと。この要件を満たさないから却下されるんです」

「それって訴訟判決？　それとも本案判決？」

「本案判決です」

「そうね。ただ、ここは勝訴判決か敗訴判決かで分けて考えるのが一般なの。原告の勝訴判決が確定したあとに同じ訴えを提起した場合は、訴訟要件を欠くとして却下。でも、敗訴判決確定の後の同じ訴えは、既判力で考えるの。新事由がなければ、請求棄却になるわ」

民事訴訟法の勉強は入口から出口の繰り返し

判決の種類が整理されてきた。

民事訴訟の出口が整理されてくると、入口での議論にも深みが出てくる。

結局、民事訴訟の勉強は、入口から出口までの勉強の繰り返しである。

訴訟法は手続法である。そのため、その手続の入口から出口という一本の筒を何度も何度も通り抜ける。こうした反復学習が功を奏する科目である。

勝訴判決

一時間後、楽勝ファイナンスの詐欺事件について、判決が言い渡された。

楽勝ファイナンスが巨額の資金を老人から集めた行為が、もともと自らの懐に入れることを目的とした詐欺行為であることが判断された。楽勝ファイナンスの行為が違法な権利侵害の行為であること、つまり民法七〇九条にいう不法行為であることが判示《はんじ》されたのである。

これは当初、自らは被害に遭っていないものの正義感から楽勝ファイナンスの行為が違法行為であることの確認を求めて提訴した戸久留谷が、まさに裁判所に求めた判決であった。

「ワシの考えは正しかった。ニート君どうじゃ？　なにが馬鹿げた訴訟じゃ。ワシがダメでも、広志ちゃんたちが原告になったら大丈夫だったじゃないか」

戸久留谷が目頭を熱くしながら、隣で判決言渡しを聞いていた祐一に呟いた。

祐一はただただ嬉しかったので、「よかったですね、戸久留谷さん」と戸久留谷の耳元で囁いた。

戸久留谷は、祐一に握手を求めた。二人は両手を握り合った。

「佐伯君のお陰じゃよ。佐伯君が内川先生を紹介して下さった。本当にありがとう。私の信念は正しかった。そして裁判所に通じた。でも、最初のやり方は間違っとった。それを教えてくれたのは佐伯君じゃよ」

祐一はこのとき初めて戸久留谷から本名で呼ばれた。感謝の気持ちが伝わってきた。訴訟をしたのは仁美先生であって、自分は何もしていない。祐一はそう思ったが、初めて感謝の言葉を述べてくれた戸久留谷の声を聞くと、心が通じ合ったようで嬉しかった。

祐一が戸久留谷の顔を見ると、戸久留谷は顔をしわくちゃにして涙を流していた。

「天楽《てんらく》さんや。ピース。ピース」

原告席から同じく目に涙を浮かべた島広志が、傍聴席の戸久留谷にＶサインを送っている。

判決の言渡し

法廷では裁判長が判決理由の要旨を述べている。マスコミも注目する大事件のため、主文のみでなく、判決理由の要旨も読み上げられた。

民事訴訟法は、判決の言渡しについて「判決書の原本に基づいてする」と規定するのみである。これを具体的に規定したのが民事訴訟規則である。

> 民事訴訟規則一五五条
> 一項
> 判決の言渡しは、裁判長が主文を朗読してする。
> 二項
> 裁判長は、相当と認めるときは、判決の理由を朗読し、又は口頭でその要領を告げることができる。

民事訴訟の判決言渡しは、この規定があるため、ほとんどのケースは主文を朗読するのみで終わる。棄却判決であれば、「原告の請求を棄却する。訴訟費用は原告の負担とする。」と裁判長が早口でしゃべって終わる。

そのため、傍聴していても、判決理由はさっぱりわからない。判決書も含めて、一般の人も閲覧できるため、理由が知りたければ、閲覧請求をして判決書を読めばよい。これで憲法が規定する裁判の公開は保たれている。理論的にはこう説明される。

もっとも、当事者のプライバシーや会社の営業機密もあるから、当事者が請求して裁判所が決定をすれば、訴訟記録や判決書も閲覧制限がなされることもある。

いずれにしても、民事訴訟においては、刑事事件が判決理由や情状まで口頭で告げられるのと異なり、主文のみ朗読されるのが通常である。

しかし、楽勝ファイナンスの事件のように、世間が注目する事件の場合などには、リップサービスということで、判決理由の要旨を裁判長が朗読することがあるのだ。

民事訴訟法や刑事訴訟法などの手続法においては、国会が作った法律（民事訴訟法、刑事訴訟法など）のほか、最高裁判所が制定した規則が存在する（民事訴訟規則、刑事訴訟規則）。規則は法律ではないが、法律を適正に執行するための細かい決まりを定めたもので、実務上裁判所にとっては非常に重要である。また、法律を学習する者にとっても、細則を知るためには欠かせない。

それぞれの出口

「こういう規定が民事訴訟規則にあるんだ。知ってた？」

上慶大学の学食で、祐一が雄弁を振るっていた。

「みたよ。テレビのニュースで。佐伯も傍聴席で少し映ってたよな。事務とはいえ、あんな大事件に携われてすごいなあ、佐伯は。将来本当に弁護士になるような気がしてきたよ」

リクルートスーツに身を包んだ吉村が感心しながら微笑んだ。吉村はテレビぽんぽんに入社が決まり、今日は同期一同が会社の食事会に招かれているという。

「そうか。民事訴訟の判決言渡しには、そういう規則があったのか。知らなかった。テレビ俺も見たよ。佐伯は最初どうなることかと思っていたけど、最近逞しくなってきたよな。法律事務所に勤めてどれくらいになる？」と村田が言った。

村田が知らないことを祐一が知っている。そんなことも最近では多くなってきた。

「一年半くらいになるよ。まだまだ勉強不足だけどね」

「いやいや佐伯はすごいと思う。お前ならきっと俺の夢も叶えてくれるよ。頑張れよ、佐伯。内川先生のようにかっこいい弁護士になってくれ」

村田は三人の中で誰よりも司法試験の勉強が進んでいたが、三年生の秋が深まってきたころ、突然就職活動を始めた。

たまにスーツを着てキャンパスに現れる村田を見ていても、ポーズに過ぎないと思っていた。だから祐一は、村田が司法試験を本当に辞めてしまうとは夢にも思ってもいなかった。

しかし、合理的に物事を考え、頭の切れる村田は転身も早かった。大手商社から内定をもらうと、司法試験はあっさりと断念した。

「そろそろ図書館に行って勉強してくるよ。じゃあまた」

祐一は図書館に向かい、二人はキャンパスを去った。同じ大学の同じ学部、同じクラスという筒の中を歩いていた三人の出口がどうやら決まり始めたようだ。

中間判決とは

「仁美先生、ところで楽勝ファイナンスの判決は全部について言い渡されたわけじゃなかったんですね」

「そうよ、中間判決だったの。実務上珍しくはあるんだけど、不法行為があるかという争点と、あるとして損害額がいくらかという争点の二つがあったので、まず不法行為の存否について先に判決が言い渡されたのよ」

中間判決は、終局判決ではない。そのため、独立して上訴《じょうそ》（控訴や上告）することはできないし、残りの判決が出て不服申立て期間を徒過するまで確定することもないから既判力も生じない。

「損害額についての判決が出て初めて終局判決になるの」

大学の卒業式

季節は瞬く間に過ぎ、春が訪れた。

上慶大学の卒業式が行われた。

祐一、優美、村田、吉村の四人は場所を変え何度も並んで写真を撮ってもらった。

懐かしい正門の前、学食のテーブル、カフェテリア、メインストリート。

皆卒業し、このキャンパスを去るが、祐一は実はこのキャンパスにまだ通うことになる。

四月からは上慶大学法科大学院の既修者クラスに入学するからだ。

祐一はとりあえず一つの出口を突破し、また次の入口に入ろうとしている。

でも、その筒も、ハードな勉強の毎日が想起されるものの、順調にこなして行けば出口に辿り着ける気がした。

この卒業式の前日、楽勝ファイナンスに対する損害賠償請求事件について、第一審の終局判決が言い渡された。

卒業式のスナップ写真は、どれを見ても新聞を持った祐一の姿が写っていた。

「東京地裁、楽勝ファイナンスに約五億円の損害賠償請求を命じる」

記念日

☆１　実務上は、純粋に口頭だけで訴訟提起をすることは、通常ないと思われる。簡易裁判所の手続相談を利用して、窓口に置いてある定型用紙に書記官の指示にしたがい記入し、これを提出することもできるからである。この場合、「準口頭」という扱いがされる。

☆２　現在では、電子納付も利用されている（詳細は☆３参照）。

☆３　東京地裁では、現在は六千円である。当事者が一名増えると、二千円ずつ加算される（裁判所ＨＰ「郵便料の現金予納等のお願い」参照）。郵便料（予納郵券）の現金での予納（現金予納）も可能になっており、①窓口納付、②銀行振込、③電子納付の三つの方法がある（同参照）。

☆４　旧司法試験では、択一（短答式）試験、論文試験に加え、口述試験もあった。現在の司法試験には口述試験はないが、予備試験には口述試験がある。

☆５　現行法では、「異議申立て」は「再調査の請求」に変わっている。平成二十六年改正（行政不服審査法の改正に伴い、同時に国税通則法も改正された）前は、二段階の不服申立てが必須であったが（原則）、現行法では審査請求の前置のみが必須になっている。

あとがき

いかがだったでしょうか。

この物語の舞台の中心は、主人公がアルバイトに勤める法律事務所です。

しかし、舞台の中心とは別の場面も多く描きました。

大学の講義を受ける時間、図書館でひとり勉強する時間、司法試験の勉強をする大学の友達と過ごす時間、彼女と喫茶店で過ごす時間、自宅で勉強する時間などです。

民事訴訟法を勉強するための本なのに、多くの場面を繰り返し描いたのには、理由があります。

それは、単一的な学習よりも、多様な学習の仕方の方が効果が高いからです。

場所を変え、環境を変え、様々なところでコツコツと勉強を継続していくことは、学習効果を高めます。

自分と同じくらいのレベルの人、自分よりレベルの高い人、まったく法律の勉強をしたことがない人。いろいろな人と議論や話をすることで、法律の勉強というものは捗《はかど》るものなのです。

こうした学習をすると、次のような効果が期待できます。

①他人と話をすることで自分の気づかない問題点や論点に気づくことができる。
②口に出して話すことで正確な理解ができているかチェックすることができる。
③話をしたことは記憶に残りやすいので、基本的な知識が記憶に定着しやすくなる。

この物語には、何度か彼妻《かれつま》教授の『民事訴訟法』という学術書が登場します（なお、実際には彼妻教授は存在しません（笑））。

こうした体系書を繰り返し読むことは、「民事訴訟法」という一つの法律を基礎から学習するためには、非常に重要なことです。

しかし、もし佐伯祐一が彼妻教授の『民事訴訟法』をひとり黙々と読んで勉強するだけだったとしたら、祐一は民訴が眠素《みんそ》のまま、難しい科目という意識ができていたかもしれません。

下手したら友人の村田君のように、司法試験の受験を断念していたかもしれません。

祐一は法廷傍聴に遅刻したり、「わかりません」を連発したり、司法試験の勉強が進んでいる村田君に劣等感を感じたり……と、どこにでもいる普通の大学生です。

それが、内川仁美という自分より圧倒的にレベルの高い、けれど親しみやすい弁護士と出会うことで何かが変わります。

仁美のような存在は、成功哲学ではメンターなどと呼ぶのでしょうが、ここではもう少し気楽な「先輩」といった表現でよいと思います。

弁護士の仕事ぶりや言葉の使い方などに繰り返し接することで、祐一は自然と成長していきます。

民事訴訟法は一見「難しい顔」をしています。

しかし、実際はそれほど難しく考える必要はありません。

なぜなら、民事訴訟法は、民事訴訟という裁判を運営するために決められた「ルール」に過ぎないからです。

「ルール」が難し過ぎたら、裁判の運営ができません。

民事訴訟法には、弁論主義とか処分権主義といった馴染みのない言葉がたくさん登場します。

これらは、裁判運営のための共通言語のようなものです。一度マスターしてしまえば、自然と口から言葉が出てくるようになります。

本書では、わかりやすい単純な事件に触れることで、こうした用語を使う場面を体験していただきました。

用語を使う場面をイメージできるようになれば、基礎としては十分です。イメージができるようになりましたら、用語が出てくるたびにその場面を思い出してみて下さい。

その繰り返しによって、民事訴訟法の用語や考え方が自然と身に付くはずです。

もちろん、英語の学習と同じで用語の暗記も必要です。

本書はそうした暗記目的では作ってはいませんが、用語を覚えやすくなるような工夫もしました。

令和六（二〇二四）年二月

木山　泰嗣

民事訴訟のIT化………78
ゆ
有責配偶者………269, 271, 272, 275, 279
よ
要件………36, 133, 171, 173
要件事実………133, 146, 163
要物契約………190
予納郵券………254, 289
呼出状………67
ら
ラウンドテーブル法廷………45
り
離婚原因………270
離婚訴訟………267, 268, 271, 272, 276
離婚調停………267, 272
立証………55, 65, 84, 85, 112, 133, 146, 150, 173, 174
立証責任………146, 159
立証レベル………135
立法趣旨………56, 62
わ
和解………95, 109, 112, 113, 116, 274
和解期日………110, 111
和解調書………113, 114

た

大法廷………68
諾成契約………190
単独事件………69

ち

地方裁判所………23, 24, 25, 26, 47, 68, 271
調停………266, 267, 272, 274, 275
調停前置主義………160, 272
調停離婚………271
直接主義………74, 75
陳述………53, 54, 56, 66, 67, 72, 74, 75, 141, 144, 148, 163, 164, 165, 166, 170
陳述書………66, 166

て

提訴………29, 33, 38, 43, 99, 114, 152, 160, 247, 252, 284
廷吏………44, 52, 56, 61
撤回………173, 175
手続法………102, 103, 284

と

当事者………54, 106, 111, 113, 128, 129, 145, 146, 148, 150, 158, 159, 169, 170, 173, 195, 286
　——の欠席………60
謄写請求………72
答弁書………53, 61, 63, 66, 67, 152, 153, 166, 190
特定商取引法………189, 211
特別裁判籍………31, 32, 33, 35
土地管轄………6, 19, 28, 30, 33

に

二当事者対立の構造………252
任意管轄………27
認容判決………280, 282

は

敗訴責任………194, 203
パラリーガル………14
判決書………285
　——の原本………285
反証………122
反訴………212
判例………269, 270, 271

ひ

必要的口頭弁論の原則………70, 71
否認………152, 153, 165, 171, 191, 192, 194

ふ

付加的合意………35
不知………152
普通裁判籍………31
不貞行為………65, 269, 270
不適法却下………238
不撤回効………174, 175
不服申立前置主義………273
不要証効………173
紛争解決基準………114

へ

併行審理主義………73
閉廷………166
弁護士代理の原則………45, 159
弁護士報酬………254
弁済………201, 204
　——の抗弁………201, 210
弁論………54, 61, 70, 74, 75, 196
　——の更新………75
　——の全趣旨………64, 129, 196, 199
弁論終結………65
弁論主義………105, 124, 125, 126, 128, 129, 134, 140, 146, 149, 150, 151, 159, 171, 200
　——の第一テーゼ………129, 135, 145, 146, 147, 165
　——の第二テーゼ………129, 148, 158, 168, 169
　——の第三テーゼ………129, 158
　——の補完………146, 165
弁論準備手続………45, 170, 172

ほ

法定管轄………23, 27, 30, 35
法定証拠主義………197, 198
法律上の争訟………236, 237, 238, 241
法律効果………192
補強法則………142, 143, 158
補正………71
本案審理………278
本案判決………280, 283
本人訴訟………44, 123, 124, 145, 160, 165, 167, 219

み

民事裁判書類電子提出システム（mints）………77
民事訴訟規則………285, 286

さ
最高裁判所………68, 272
再訴事件………236, 240
裁判上の自白………148, 169, 171
裁判上の離婚………258, 268
裁判権………22
裁判所法………68, 237
裁判例………271
債務不履行解除………16
裁量棄却………259
最良証拠………56
錯誤………193, 205
三百代言………45
し
事件記録………75
事件の呼び上げ………74
事件番号………52
時効の中断(時効の更新)………240
事実認定………197, 200
自然債務………238
実体的真実主義………140, 142, 143
実体法………102, 103, 124, 228
自白………63, 129, 143, 158, 168, 169, 170, 171, 172, 173, 174
事物管轄………6, 19, 25, 26, 30
釈明権………146, 165
自由心証主義………195, 196, 197, 198, 199, 212
集中審理主義………72
主張共通の原則………148
主張自体失当………172
主張責任………146, 147, 159, 165
主張レベル………135
主要事実………195
準備書面………54, 63, 64, 67, 72, 74, 167, 171, 172
証拠価値………166
証拠共通の原則………200, 202
上告………202, 288
上告審………24
証拠調べ………45, 54, 75
証拠説明書………55
証拠力の自由評価………199, 200, 202
証拠能力………162
証拠の申出………128, 163
証拠法則………197
証拠方法………199, 203
——の無制限………198
上訴………288
証人尋問………45, 153
小法廷………68
証明………112, 187, 194, 195, 203
証明責任………146, 187, 189, 191, 194, 196, 203, 204, 212
消滅時効………194, 240
職分管轄………6, 19, 22, 24, 25, 30
除斥………90
除斥事由………91
職権主義………151, 157, 158, 160
職権証拠調べ………159
処分権主義………105, 106, 107, 113
書面審理………71
書面による準備手続…………76
真偽不明(ノンリケット)………204
審級………23, 24
審級管轄………6, 19, 25
審判排除効………173
せ
請求棄却………145, 146, 175, 281
請求棄却判決………276, 283
請求認容判決………260
請求の認諾………142, 143, 158
請求の放棄………113
成立の真正………57, 58
先行自白………148
専属管轄………26, 27
専属的合意………35
全部認容判決………280
そ
送達………181, 252
争点の整理………45
訴額………24, 25, 26
訴状………53, 55, 66, 67, 119, 121, 123, 124, 132, 133, 151, 152, 163, 164, 181, 186, 232, 247, 252, 253, 254
訴訟記録………72, 286
訴訟係属………252
訴訟行為………53, 54
訴訟判決………279, 283
訴訟費用………276, 285
訴訟物………107, 113, 114, 254, 255
——の価額………254, 256
訴訟要件………71, 279
疎明………195, 203

事項索引

い

意思表示………193
一部認容判決………113, 280
委任契約………277
違法収集証拠………162, 166

う

ウェブ会議………76, 116
ウェブ会議システム………76
訴え………106, 113, 114, 240, 247, 253
　──の効果………239
訴え却下………249, 250, 251
訴え却下(の)判決………71, 260, 278, 279, 280, 283
訴え(の)提起………17, 252, 263, 267
訴え(の)取下げ………113, 229
訴えなければ裁判なし………114
訴えの利益………232, 233, 236, 238, 239, 240, 242, 249, 256, 283

お

応訴………204, 228, 235
応訴管轄………6, 19, 27, 37
乙号証………56

か

解除の抗弁………211
回避………90
下級審………68
確定判決………114, 239, 283
確認の訴え………241, 248, 257, 260, 263, 281
確認の利益………242, 256, 263, 278
確認判決………242, 263
簡易裁判所………23, 24, 25, 26, 47, 181, 254
管轄………6, 19, 21, 23, 24, 26, 27, 30, 34, 37
　──の合意………35, 37
管轄裁判所………22, 28, 36

き

棄却………70
棄却判決………260, 279, 280, 281, 283
擬制自白………61, 63, 64, 67
擬制陳述………66, 67
既判力………282
忌避………90, 92, 94
忌避申立て………90, 92
義務履行地………31, 33
却下………222, 233, 248, 256, 283
却下判決………279
求釈明………160
給付の訴え………257, 263, 281
給付判決………257, 263, 281, 282

け

形式的証拠力………58
形式的真実主義………137, 139, 142, 143, 144
刑事事件………69, 286
刑事訴訟規則………286
刑事訴訟法………140, 162, 199, 286
形成訴訟………268
形成の訴え………257, 263, 281
形成判決………258, 261, 268, 269, 281, 282
形成要件………258, 269, 270, 271, 272, 279
係属裁判所………52
継続審理主義………72
結審………63

こ

合意管轄………6, 19, 23, 27, 30, 34, 35, 36
公益性………27, 139
効果………173
公開原則………72
公開主義………71
公開法廷………111
合議事件………69
合議制………68
攻撃防御方法………54, 211
甲号証………55, 190
控訴………225, 277, 282, 288
控訴期間………225, 282
控訴状………282
控訴審………24, 25, 277, 282
控訴理由書………72
高等裁判所………24, 25, 47, 68, 271
口頭主義………67, 72
口頭弁論………45, 54, 63, 64, 70, 71, 72, 74, 75, 129, 170, 172, 195
　──の原則………55, 70, 72
口頭弁論期日………45, 109, 141
口頭弁論調書………171
抗弁………192, 193, 205, 210
国際裁判管轄…………38

木山 泰嗣（きやま ひろつぐ）

1974年横浜生まれ。青山学院大学法学部教授（税法）。1993年横浜翠嵐高校卒。1998年上智大学法学部法律学科卒。大学卒業後に旧司法試験を４回受験し，苦労を重ねた末に合格を果たす（受験時代に最も勇気づけられたのは，38年振りの横浜ベイスターズの優勝と日本一）。2003年に弁護士登録（第二東京弁護士会）し，鳥飼総合法律事務所で2015年３月まで税務訴訟及び税務に関する法律問題を扱った。2011年に『税務訴訟の法律実務』（弘文堂）で，第34回日税研究賞を受賞。2015年４月に大学教員に転身（上記法律事務所では客員弁護士）。現在は，法学教育及び税法研究に専念。現在は税法教員であるが，大学時代は民事訴訟法ゼミだった。

著書には，『教養としての「税法」入門』（日本実業出版社），『国税通則法の読み方』（弘文堂），『武器になる「税務訴訟」入門』（ソシム）などの税法関連書籍のほかに，『分かりやすい「民法」の授業』（光文社新書），『もしも世界に法律がなかったら』（日本実業出版社），『もしも高校生の「わたし」に法律用語が使えたら』（同）など，リーガルノヴェル（法律小説）も多数ある。単著の合計は，2024年４月現在で70冊（本書は著者が33歳の時に刊行した，２冊目の単著のリニューアル版にあたる）。

受験新報（法学書院）で2006年から「小説で読む訴訟法」として連載されたものが2008年に書籍化された本書を皮切りに，『小説で読む行政事件訴訟法』（法学書院，2010年。第２版は2018年），『小説で読む民事訴訟法２』（同，2012年），『小説で読む憲法改正』（同，2014年），『小説で読む租税法』（同，2020年）と続編が刊行され，主人公の「佐伯祐一物語」として「小説で読むシリーズ」の中心を成した。

「むずかしいことを，わかりやすく」。そして，「あきらめないこと」がモットー。

X（旧Twitter）：@kiyamahirotsugu

小説で読む民事訴訟法——基礎からわかる民事訴訟法の手引き

2024（令和6）年4月15日　初版1刷発行

著　者　木山泰嗣
発行者　鯉渕友南
発行所　株式会社　弘文堂　101-0062　東京都千代田区神田駿河台1の7
TEL03(3294)4801　振替00120-6-53909
https://www.koubundou.co.jp

装　丁　大森裕二
印　刷　大盛印刷
製　本　井上製本所

ISBN978-4-335-35993-4